家庭裁判所物語

清永聡
Satoshi Kiyonaga

日本評論社

はしがき

皇居に近い北の丸公園に「国立公文書館」があって、誰でもここで古い歴史文書を見ることができる。

私は以前、取材で三年あまりここに通い、戦争裁判の記録と政府の公文書を閲覧していた。歴史文書を読むと、自分の思い込みや誤った先入観に気づかされることが少なくない。

例えば、敗戦直後の政府は、戦争に負けた衝撃からすっかり虚脱し、しばらく機能停止に陥ったと思っていた。ところが中央官庁の役人たちは、昭和二〇（一九四五）年八月一五日がすぎると、すぐに戦後の課題処理に向けて動き出している。

「次官会議事項綴」というタイトルの文書がある。敗戦直後の八月二二日から九月末までの一か月あまりで、実に二七に上る議題を検討し、処理していることが記録されている。

八月二四日には「臨時復員対策委員会規程」、八月三〇日には「外地（樺太含む）及び外国在留邦人引揚者応急援護措置要綱」を決定している。敗戦時、国外にいた日本人は、軍人・軍属と民間人合わせて六〇〇万人を超す。これだけの人が、荒廃した日本へ引き揚げてくるのである。準備を急がねばならなかったのだろう。

その後も罹災都市に簡易住宅を造ることや、食糧の輸入を連合国と交渉することなどを、矢継ぎ早に検討している。八月三〇日には「戦災者越冬対策要綱」もまとまった。まだ八月なのに、もう冬のことを考えている。

残された文書からは、統制や抑圧から解放された官僚たちが、在外邦人の保護や、国内立て直しのため、むしろ生き生きと活動していたことが分かる。

その次官会議。九月二〇日の議題は、「戦災孤児等対策要綱」だった。

空襲などで両親を亡くした孤児は、一二万人と言われる。政府は対策の必要性を、早い時期から認識していたのだろう。要綱には保護の方法として「個人家庭への保護委託」「養子縁組の斡旋」「集団保護」の三つが書かれていた。

では、示された方針は、どの程度実行されたのか。

国立公文書館でさらに文書を探してみた。見つかったのは、「国内処理（引揚児童・戦災孤児）」という、広辞苑ほどの分厚い束だった。

そこには全国の自治体で、孤児を収容する施設を造る計画が書かれていた。当時「集団合宿教育所」と呼ばれている。空襲による被害が大きかった東京や大阪、そして原爆で多くの命が奪われた広島などが対象である。しかし食糧も予算も乏しく、一つの施設で受け入れる孤児の数は、数十人程度だった。文書に書かれた計画段階では、全国の収容予定数は一万五〇〇〇人。これでは、孤児全体の一割あまりしかない。

文書には、自治体が別の対応に追われている様子も記されていた。学童疎開をしていた児童が、敗戦後も農村地帯に数多く取り残されていた。こうした児童を、都市部へと送り帰さなければならなかったのだ。だが、両親の安否が不明な子も多い。実際に自宅が焼失し、両親が死亡していたケースが少なくなかった。本来は疎開先でしばらく保護を続けるべきだろう。ところが子どもたちは、親の安否が確認されないまま、都市部へと強制的に戻されている。文書からは自治体がただ送還を急ぐ印象を受ける。戻されても、親も家も失った子どもたちには、自立することができない。おそらく多くは、そのまま浮浪児となったのだろう。

その後、昭和二三（一九四八）年九月には「浮浪児根絶緊急対策要綱」が閣議決定された。その文書も残っている。

――浮浪児を根絶できない大なる理由が、人々が浮浪児に対して安価な同情により又は自己の一時的便宜によって、彼らの浮浪生活を可能ならしめていることにあることを、一般社会人に深く認識せしめ「浮浪児に物をやるな」「浮浪児から物を買うな」の運動を強く展開して浮浪児生活存続の温床を絶つこと。

どうしてこのような、冷たい言葉になるのだろう。戦災孤児をまるで野良犬のようなやっかい者とみなしている。三年前に示した保護の方針とは正反対である。

そもそも浮浪児が増え続けたのは、前に作った「戦災孤児対策要綱」が成果を上げないためではないのか。そして、疎開先から無理に都市へと送還したことも、原因の一つであるはずだ。

文書には「浮浪児に対する保護取り締まりを連続反復して徹底的に行うこと」とも書かれている。犯罪者のような扱いだ。また、取り締まっても、子どもたちを保護する場所が足りない。児童福祉法は作られたが、まだ施設の不足は深刻だった。結局、送り先のない孤児たちは、多くが再び路上に戻るしかなかったのである。


だが、翌年の昭和二四（一九四九年）年になると、戦災孤児関連の資料に「家庭裁判所」という言葉がたびたび出てくるようになる。

各省庁の文書には、まるで相談窓口のように「家庭裁判所に連絡」「家裁と協議」と書かれている。そして家裁もまた、戦災孤児、とりわけ浮浪児となった子どもたちの救済へ、積極的に乗り出していく。

家庭裁判所は、新憲法の理念に基づいて生まれた。

昭和二四年一月一日にスタートした、新しい裁判所である。その仕事は幅広い。戦災孤児の「保護」や「養子縁組」。さらに、外地から引き揚げ、戸籍をなくした人たちの「就籍」も、戦地で不明になった人の「失踪宣告」も、家庭裁判所の担当だった。日本国憲法が法の下の平等を保障しても、戦争の被害によって、特に女性や子ども、高齢者の権利は損なわれがちだった。家裁は、戦争で傷つけられた弱い人々を救う役割を、担っていたのである。

その家庭裁判所は、二〇一九年で設立から七〇年を迎える。

社会は大きく変わったが、家庭裁判所には、社会の中で弱い立場の人々を支援するという一貫した理想がある。それは、戦前の伝統的な司法からは、「異端」とも言われた。この「異端」の裁判所は、果たして誰が作り、どのように整備されていったのだろう。そして、設立当時の理想は、時代に沿ってどのように受け継がれ、あるいは変化していったのか。

取材を始めると、そこには「家庭裁判所の父」というべき裁判官がいることが分かった。

強い個性とリーダーシップを持つこの人物は、家庭裁判所と同様に異端の存在であったがため、没後も顕彰されることなく、半ば忘れ去られた存在だった。今回、長く消息が判明しなかった遺族がようやく見つかり、今まで知られていない多くの話を聞くことができた。

それだけではない。彼のまわりには、開戦前年にアメリカの家庭裁判所を視察した〝殿様〟裁判官や、戦後初めて最高裁に採用された女性裁判官など、司法の理想を託し、あるいは少年や女性の権利を守りたいと願う人々が続々と集まって、家庭裁判所を作り上げていたのである。

家庭裁判所物語〔目次〕

第五章　闘う家裁　195

第一章　荒廃からの出発

一　「家庭裁判所の父」帰国する

昭和二一（一九四六）年八月の東京・上野駅は、身動きが取れないほどの混雑だった。駅構内には、風が吹くたび土ぼこりが入り込んで、行き交う人々の姿が茶色くかすんだ。

宇田川潤四郎の長男の潔は当時一二歳。父母と弟妹の合わせて五人で、大きな荷物を背負って満州から引き揚げてきた。母は、もう一人の弟の骨壺を片手に抱えている。

家族と一緒に改札を出て、上野の駅舎から外を見た時の光景を、潔は今も忘れることができない。

焼け残った駅舎から南の御徒町にかけて、ずっと焼け野原が広がっていた。鮮やかな緑にあふれた夏の満州と比べると、何もかもがくすんで見えた。鉄道の高架に沿って屋台が並び、そこを取り囲むように、カーキ色の服を着た人たちでごった返している。

左右には自分と年の変わらない浮浪児たちが、何十人もいた。夏の日差しを避けて、軒下や階段に、表情の失せた顔で横たわっている。地下道へと続く階段は、特に子どもたちが多い。誰もがぼろぼろの衣服を身にまとい、土色の乾いた髪が放射状に伸びたままだった。中には半裸の幼児もいた。

――日本は、大変なことになっている。

潔はそう思った。

横に立つ父親も、この浮浪児の姿に強い衝撃を受けたようだった。


敗戦後、国民の最大の関心は、どうやって生きていくかということだった。

戦争で多くの働き手が失われた上、九月に上陸した枕崎台風で農作物は甚大な被害を受けた。田畑は荒れ、深刻な凶作で食糧不足は決定的となる。一一月には日比谷公園で「餓死対策国民大会」が開かれた。文言は大げさでも何でもない。本当に餓死者が相次いでいたのだ。当時の東京市の配給によるカロリー摂取量は、一日わずか一〇五〇キロカロリー。成人男性の現在の基準値の半分以下である。人々はヤミの食糧を得るほかなかった。

焼け残った上野駅は、食べ物を手に入れるため、北へ向かう人々の集まる場所だった。農家で食料と交換する衣類や貴金属を抱えた人たちは、思い詰めた表情で汽車に乗り込んでいく。

だが、戦災によって家を失った人々は、もはや食べ物と交換する財産もない。特に哀れだったのは、東京の父母を空襲で亡くし、そのまま学童疎開先から戻されてきた子どもたちだった。空襲によって肉親だけでなく、自宅も失った子らは、空腹で座り込むしかなかった。特に、国鉄から京成電鉄へつながる上野の地下道は、当時の雑誌報道で一三〇〇人の浮浪者がいたという。

潔の父親の宇田川潤四郎は、最高裁の初代家庭局長を務め、後に「家庭裁判所の父」と呼ばれた裁判官である。七三に分けた硬そうな髪に、丸い頬とちょびヒゲが特徴的で、どこかユーモラスな印象も受ける。

上野駅に降りた宇田川が目指していたのは、兄の家だった。兄は本郷に近い西片町で旅館を経営していた。しかし、目の前には焼け野原が広がり、旅館が残っているかどうかも分からない。空襲に巻き込まれて、死亡した可能性もある。

宇田川は、長男の潔だけについてくるよう命じた。妻と弟妹を上野駅に残し、荷物を背負って徒歩で兄の家へ向かった。

潔は、今もこの時の記憶が鮮明である。

「いつも明るい父が、思い詰めた表情でした。上野の不忍池の脇を歩いていくと、だんだんと日が傾いてきました」

目の前の光景が夕日で赤みを帯びるにつれ、不安が募った。背中のリュックが重く感じる。潔は早足で歩く父親の後を懸命について行った。本郷通りを越えて、西片町に入る坂を登っていく頃には、すでに薄暗くなっていた。高台だったこの周辺は、比較的空襲の被害を免れた家が多い。

その中の一軒に近づくと、宇田川があっと声をあげた。

「焼けてないぞ」

旅館はそのまま残っていた。宇田川が扉を叩くと、中から若い男性が出てきた。従業員だった。

——どうやら、寝る場所はあるらしい。

潔は、安堵して思わず道端に座り込んだ。

宇田川潤四郎は、明治四〇（一九〇七）年に東京の本郷に生まれた。宇田川家は現在の東京都江戸川区の旧家であった。渋谷には、今も「宇田川町」という町名があるが、これも渋谷に住んだ宇田川家の分家が由来になっている。

彼は昭和四（一九二九）年に早稲田大学を卒業すると、同じ年の高等文官試験司法科に合格し、裁判官となった。朗らかで、人に好かれやすく、リーダーシップがあった。後輩に語りかける時は、「諸君！」「君たちぃ！」というのが口ぐせで、その熱弁は「宇田川節」と言われた。

帰国した宇田川は、本郷の兄の旅館に落ち着くと、すぐに一人で靖国神社に向かっている。

その理由について本人は後に、「たくさんの友人が死んでいますからね。とても申しわけないと思った」と話している。亡くなった友人に、手を合わせることが目的だったという。

潔によると、その「友人」の中でも、もっとも親しかったのは同期の牛丸四郎だった。牛丸は海軍兵学校を経て宇田川と同じ早稲田に入り、裁判官となっていた。渡満したのも同じ時期で、ハルピン高等法院を経て、終戦時には安東地方法院長を務めていた。

裁判官たちは日本の指導者層とみなされていた。

このため終戦後には、ソ連軍や中国共産党から戦犯と指定され、身柄を拘束された。牛丸は安東で中国共産党に捕えられ、市中を引き回された上、人民裁判で死刑が執行された。

ほかにも満州国司法部次長だった前野茂はシベリアへ送られ、一一年に及ぶ抑留生活を送る。司法部参事官で、娘が潔と同級生だった飯守重任はやはりソ連に拘束され、一〇年あまり抑留させられていた。

宇田川は昭和一三（一九三八）年、三一歳の時に満州に赴任し、新京地方法院の審判官（裁判官）になった。その後は同じ新京にある「中央司法職員訓練所」の教官に就任する。昭和一六（一九四一）年には「主事」となり、事実上の責任者になっていた。

「中央司法職員訓練所」は、満州の若者に法律を教える司法教育機関だった。満州国の設立当初は、各地の裁判所にも宇田川のように日本の裁判官が送り込まれていた。しかし、満州国の司法も、現地の人材で担うことが求められた。「訓練所」に入学してくるのは、満州や朝鮮の優秀な若者たちだったという。

宇田川は人に教えることが向いていた。彼は毎日のように訓練生を自宅に呼び、酒を飲み、妻の千代子の手料理を振る舞いながら、満州国の未来を議論していた。宇田川節は、満州の若者たちにも届いたのであろう。自宅はいつも「先生」「先生」と呼ぶ満州の若者たちで賑やかだったという。家ではよく、白菜に豚肉の薄切りを入れた鍋をよく食べていた。宇田川はまだ三〇代前半で、教え子たちにとっては兄のような存在だったのだろう。

ある時、訓練生の一人が、ひそかにマルクスの本を読んでいたことがあった。当時は本を所持しているだけでも大変な問題である。だが、見つけた宇田川は、こう述べて読むことを許したという。

「オレは支持しないが、勉強するのはいい。こっそりやれよ」

宇田川自身も、大学時代に左翼活動の経験があった。摘発されていれば当然裁判官になることはできなかったはずで、おそらくは、ビラを配るくらいの下っ端だったのだろう。それでも戦前の裁判官で、左翼活動の経験を持つのは異色である。

敗戦によって、満州国は消滅する。

各地に赴任していた同僚の司法官たちは次々と逮捕されていく。その中で宇田川が帰国することができたのはなぜだったのか。

潔は「満州の教え子たちに助けてもらったのです」と話す。

訓練生は、高等教育を受けた貴重な人材として、中国共産党や新京市の幹部に就任した。教え子だった彼らは、宇田川への恩義を忘れなかった。訓練所がなくなってからも変わらず「宇田川先生」と呼び、たびたび家へ食料を持ってきてくれた。宇田川は新京の日本人幹部として、ソ連軍から指名手配される。だが、彼らはソ連兵が来る前に使いの人間を寄こし、事前に知らせてくれた。

宇田川は自宅に隠し扉を造った。捜索が来るたび事前に情報を得て逃げ、ほとぼりが冷めると自宅に戻るという生活を繰り返していた。潔は、父親が不在の間、新京の市街地で豆腐を売ったり、近くの水路で魚を捕まえてきたりして、家族を支えている。

一家が帰国の途についたのは、翌年の昭和二一年六月だった。訓練生の一人は、新京の市長になっていたという。彼は宇田川の帰国の前日、ひそかに自宅を訪ねてきた。「立場上、日本人の見送りはできないから」と自宅で別れを惜しんだ。だが、翌朝も彼は汚い服を着て変装し、道端から宇田川の家族が出発する様子を見送ってくれた。

昨日家に来た訓練生だと気づいた潔は、袖を引いて父に彼の存在を知らせた。だが宇田川は、首を振った。

「知らん顔をして歩くんだ。彼に迷惑がかかる」

潔は心の中で、自分たちを助けてくれた訓練生に、深く頭を下げて通りすぎた。


東京に戻り、靖国神社で手を合わせた宇田川は、九段の坂に並ぶ古本屋の前を通りかかった。彼はここで棚の中に乱雑に置かれた本の一冊に、目が止まった。

本人の回想によれば、それは『米国の少年裁判所』というタイトルだったという。今となっては同名の書籍を確認することはできない。だが、この書名と、本を手に取った時の気持ちについて、後に自身はこう話している。

「それ（本）を見た時、インスピレーションがピーンとね……。『日本の少年問題だ』とこう思ったんだ。（中略）靖国神社の前で『米国の少年裁判所』っていうのを買ったのも、これは、何か神の引き合わせじゃないか」

宇田川は、上野駅で見た多くの浮浪児の姿を、思い出したのであろう。ポケットの中には、帰国した時に受け取った、引き揚げ資金が残っている。

彼は、その本を買った。

二　みじめな最高裁

最高裁判所の初代事務次長だった五鬼上堅磐《ごきじょうかきわ》の、「日記抄録」が残っている。日記によると、戦後発足して間もない最高裁は、たびたび停電している。部屋が暗くなるたび、仕事が滞った。申し込んだはずの新聞も、紙の制限のためか、配達されない。

――敗戦国とは、みじめなものだ。

日記で五鬼上は、このようなボヤキを残している。

最高裁は昭和二二（一九四七）年八月にできた。霞が関にあった旧大審院は、東京大空襲で全焼している。このため皇居の中にある枢密院の建物を仮庁舎とし、隣に急ごしらえしたバラックが事務局（後の事務総局）であった。

いかめしい名前の五鬼上だが、小柄で丸顔、きちょうめんな性格で、発足時の最高裁を裏側からつぶさに見てきた人物である。元は弁護士だったが戦後検事に任官すると、すぐに事務処理能力の高さを買われて司法省秘書課長になる。続いて最高裁発足に伴い、「最高裁事務官」という肩書きを経て事務次長に就任した。後に最高裁判事も務めている。

残されている日記には、ある裁判官がスルメ買い入れの斡旋をしたことがばれて、辞職したと書かれている。知人の高裁判事が「この物価高では生活できない」と退職届を出したこともあった。全国で若い裁判官が次々と退職し、欠員は三〇〇人にも上ったという。

一〇月にはヤミ米を拒否した東京地裁の山口良忠判事が、栄養失調で亡くなった。事務次長の五鬼上は思うところが多かったのだろう。その新聞記事を日記に書き写している。

裁判所の建物も、戦災によって多くが失われていた。神戸、岡山、鹿児島など一九か所が全焼もしくは全壊している。建て替える予算もない。焼け残った建物を借り受けて、ひとまず裁判所の看板をぶら下げたところも少なくなかった。そもそも、最高裁自身が枢密院の建物に間借りし、事務局は簡易小屋である。

日記によると、昭和二三年には政府から「赤坂離宮を裁判所にしてはどうか」という打診があったという。さすがに赤坂離宮を法廷にするわけにはいかず、断っている。ところがその後、当時芝浦にあった料理店「雅叙園」が売り出されていると聞き、こちらは五鬼上が実際に現場を見に行っている。値段は三八〇〇万円。五鬼上は「荒れはててはいるが、買いものであろう」と記している。ひょっとしたら芝浦の雅叙園が最高裁になっていたのかもしれない。

年末には、法律関係者の財団法人「法曹会」の資金が行き詰まった。

法曹会は、戦前から司法関係者向けの教材や、判例集などを出版していた組織である。つぶれると全国の関係者が困る。五鬼上はつなぎの資金を得るため、ある個人から借金する羽目になった。相手からは手形を要求された。彼は求められるままに、法曹会理事の肩書きで手形を発行し、利息まで払わされることになる。

読んでいくと、とても最高裁事務局ナンバー2の日記とは思えない。まるで息も絶え絶えの、中小企業の経理課長である。

その五鬼上の日記に、初めて家庭裁判所のことが出てくるのは、昭和二三年五月二六日だった。この日も、彼は大忙しだった。

社会党の代議士と面会して裁判官の報酬について意見を述べ、その後高裁支部の設置で、民主党の代議士から陳情を受けている。その記述に続いて、彼は短くこう記している。

――少年審判所と家事審判部（所）を合わせた独立の裁判所を作るように、ＧＨＱからサジェストされた。いずれにしても前途多難な問題である。

記述はこれで終わっている。

五鬼上はＧＨＱの言う、「独立の裁判所」をすぐに作ることができるとは、思っていないようだ。今ある全国の裁判所すら維持できていないのだから、いくらＧＨＱに命じられても、「前途多難な問題」という以上の感想は、さかさに振っても出てこないだろう。

三　家庭裁判所の前身

そもそも五鬼上堅磐の日記にある「少年審判所」と「家事審判所」は、まったく異なる組織だった。家事審判所は、この日記が書かれた半年ほど前、昭和二三年一月に始まったばかりである。扱うのは離婚や遺産分割など、今の家庭裁判所の家事部に該当する。

家庭に関する問題を幅広く取り扱う組織の必要性は、大正時代から議論されていた。大正一〇（一九二一）年には、法制審議会で初めて「家事審判に関する綱領」が議決されている。だが法案を整備中に太平洋戦争が始まり、作業は中断された。

戦後、昭和二一年に日本国憲法が公布されると、それに伴って法律の見直しが急務となった。

明治民法では、結婚も戸主の同意が必要で、結婚した女性は法律上「無能力者」とみなされた。夫の同意なく、契約など法律上の行為はできないとされたのである。女性の人権を無視しており、法の下の平等や男女平等を保障した新憲法に違反する。このため、昭和二二年一二月に民法は改正されて違憲の条文が取り払われ、合わせて家事審判法も作られた。

当時の家事審判法の第一条には「この法律は、個人の尊厳と両性の本質的平等を基本として、家庭の平和と健全な親族共同生活の維持を図ることを目的とする」と書かれている。日本国憲法の理念を強く意識して、作られたことが分かる。

この法律に基づき、家事審判所は昭和二三年一月より、地方裁判所の支部として全国に設置された。ただし支部という扱いであったため、どこも独立した庁舎はなく、地裁の一室を使っていた。充分な予算ももらえず、物資不足にも悩まされる状態が続く。ある審判所では、机も椅子も地裁の使い古しで、筆記用具も地裁から少しずつ分けてもらう状態だったという。

最大の規模である東京家事審判所すら、審判や調停は東京弁護士会の講堂を借りていた。広間の壁に向かって机を並べ、そこで審判をしている。離婚や子どもの認知など、人に聞かれたくないような話声がそのまま周囲に響く。調停は隣にあった第一東京弁護士会のやはり講堂を使っていた。相談に来た人のトイレもろくになかった。

統計を見ると、東京家事審判所は昭和二三年度の受理件数が、審判は八七九四件、調停は二二七二件に上っている。これに加えて相談件数が二万五〇〇〇件あった。そのすべてを、弁護士会の建物の一部で行っていた。

なごやかな雰囲気で家庭問題を解決するという理想には、ほど遠かったのである。

一方で、少年審判所はもっと歴史が古い。非行少年の処遇を定めるという役割は今と同じだが、こちらは裁判所ではなく、司法大臣の監督を受ける行政機関だった。

旧少年法は大正一一（一九二二）年に制定されている。当時の対象年齢は、18歳未満だった。しかも「検察官先議」と言われ、検察官が少年の扱いをまず判断する。起訴されれば大人と同じ地裁で裁判を受けることになる。起訴されず「保護処分が適当」と判断された者が、新しく設置された少年審判所へと送られてきた。

ただし、少年審判所は原則として、多様な保護処分を行うこととしており、保護観察の制度も導入されている。その内容は後の少年院となる矯正院に送るだけでなく、寺院や教会に少年を預けることなど、九種類もあった。しかも、ぐ犯少年（刑罰法令に触れる恐れがある少年）、触法少年（一四歳未満で刑罰法令に触れる行為をした少年）も保護する方針を取っており、その守備範囲は広い。

ただし、旧少年法には、大きな欠点があった。

法律が施行された時点で少年審判所が設置されていたのは、東京と大阪だけだったのである。このため旧少年法の管轄区域は東京府と神奈川県、そして大阪府、京都府、兵庫県に限定される。つまり東京横浜と京阪神だけが対象というスタートだったのである。

管轄外の少年は事件を起こしても、少年審判を受けさせることができなかった。戦前に少年審判所にいたある裁判官は「審判所の管轄がない少年は、不起訴になるとほとんど放置されていた」と証言している。少年審判所があれば保護処分を受けるべき少年が、施設がないために起訴され、地裁で刑事裁判を受けることも常態化していた。保護と更生という理念からは、ほど遠い。

戦争が終わると、少年犯罪の急増が社会問題となる。最大の理由は、戦災孤児と浮浪児の増加だった。

当時の厚生省によると、戦災孤児の数はおよそ一二万人。

一方で刑法犯で検挙された少年の数は、昭和二〇年が五万人だったのに対し、昭和二一年は九万九三八九人と倍増している。検挙者の八割は窃盗であり、空腹を紛らわすため、あるいは生きていくために盗みを働く浮浪児が多かった。

戦後、少年犯罪の増加とともに少年審判所は一八か所まで増えるが、それでも全都道府県には全く足りない。また、収容する施設が圧倒的に不足していた。当時の少年院は鑑別所や観護所が併設されており、犯罪を起こした少年だけが入っていたわけではない。浮浪児も一四歳以上は、保護の目的で収容されることがあった。ただし、極端な物資の不足で、長くとどめることはできなかった。

東京の多摩少年院の記録を見ると、終戦直後は定員四〇人の寮に一二〇人から一三〇人の少年が押し込まれている。これは戦時中に、多摩少年院が飛行機の部品を造っていたため、米軍の空襲で狙われ、多くの建物が焼失したことも理由であった。

しかも初等、中等、医療といった各種の少年を分けることもできず、ほとんど処遇もできなかった。ある職員は、ひどい時には三、四か月で強制的に退所させなければならなかったと記している。

食糧不足も深刻で空腹のあまり、脱走する少年も後を絶たなかった。しかし、職員もまた空腹で、逃げた少年を追うことができない。

教育的措置など二の次で、生きていくことがやっとであった。

四 「愉快そうなオジさん」

「お前、何かしたのか」

立命館の三年生だった永田弘利は、自宅で父親から一枚のはがきを受け取った。

差出人の欄には「京都少年審判所」というゴム印が押されていた。その隣には太字のペンで「宇田川潤四郎」と書かれている。知らない名だった。

昭和二一年のことである。

裏返すと、「君にぜひ一度会って話がしたい。できるだけ早く、こちらに来てもらえないか」と書かれている。はがきには「君の手紙」という文章もあった。それで永田は、ああ、とようやく思い当たった。

永田は、京都の西本願寺のすぐ近くで生まれた。小さい頃から寺の日曜学校に参加していた永田は、戦争が終わってから寺の施設を借りて、龍谷大学の学生たちと一緒に、子どもたちのために紙芝居や人形劇を定期的に開く活動を続けていた。

一か月ほど前、永田はある新聞記事に目が止まった。それは「戦災孤児などの対策のため、行政機関や民間団体が合同で会議を開いた」という内容である。彼は、その会議に若者が加わっていないことが不満だった。自分たちのような学生こそ、戦災孤児のもっとも身近な存在として、力になれるはずだと考えていたのだ。

そこで、彼は会議を主催した京都府庁に、「年齢的にも心情的にも、少年に近い青年が手を差し伸べることで、何かできるのではないか」と手紙を書いたのである。

ただ、自身は、投書した手紙のことを、その後はすっかり忘れていた。

はがきを受け取った永田は、すぐに少年審判所へと出向いた。当時審判所は、自宅から徒歩で一五分ほどの、中尊寺近くにあった。少年の支援をしていた永田は、過去にも審判所に顔を出したことがあった。

所長室に通されると、すぐに差出人の宇田川が姿を見せた。髪を刈り上げ、鼻下にちょびヒゲをたくわえた姿である。永田は「見るからに愉快そうなオジさん」という印象を持った。

永田の回想によると、宇田川は、こう切り出している。

「わざわざご足労をかけて申しわけない。実は君が京都府庁の課長さんに出した手紙は、今ここにあるんだよ」

手紙は、回り回って少年審判所に届いていたのである。

宇田川が永田に語ったのは、「学生たちで力を集めてBBS運動をやらないか」ということであった。

五　BBSの生みの親

BBS運動は“Big Brothers and Sisters Movement”の略称である。一九〇四（明治三七）年にアメリカで、ニューヨークの少年裁判所に勤務していた若い書記の提唱によって始まった。学生など若者たちが、兄や姉のように少年少女と一緒に遊び、相談に乗り、さらに非行防止の指導を行うボランティア活動である。青年自身が組織を作り運営することが特徴だった。日本では戦後しばらく、直訳して「大兄姉運動」とも呼ばれた。

宇田川潤四郎がこの運動を知ったのは、引き揚げ直後、靖国神社の帰り道で買ったあの『米国の少年裁判所』という本だった。この中に、アメリカで行われているBBS運動の内容が盛り込まれていたのである。

京都には学校が多い。アメリカではキリスト教会員の集会で発足したという宗教的な活動がベースになっている。京都も仏教系あるいはキリスト教系の学校が多く、奉仕活動も同じような宗教的な理念に基づいて行われていた。その学生たちを組織して、京都を日本のBBS運動の発祥の地にしようと考えたのだった。

これは宇田川一人の思いつきではない。彼の部下で、京都少年審判所の上席少年保護司をしていた徳武義は、かつてアメリカに滞在したことがあり、ロサンゼルスでBBS活動を見ていた。宇田川は徳からも教えを受け、さらに上京して司法省を訪問して、保護課長だった柳川眞文に自分の構想を話している。

街にあふれる浮浪児の急増に苦慮していた柳川は、そのアイデアに大喜びした。「やってくれ、やってくれ」と大賛成し、宇田川を激励している。宇田川は意を強くし、京都に戻る汽車の中で「京都少年保護学生連盟」という名前まで考えた。

学生だった永田弘利は、アメリカのBBS運動のことは知らなかった。それでも、自分の投書を正面から受け止め、「一緒に少年を救おう」という宇田川の申し出に喜び、協力を約束した。

永田と宇田川はまず仲間を集めようと考えた。京都の大学を回り、学生課や学牛の自治会に問い合わせて、奉仕活動をしている団体の学生たちに参加を呼びかけたのである。

宇田川も立命館大学で学生たちに演説をしている。

どうやら学生たちの前で「諸君！　今こそ哀れな子どもたちのために立ち上がれ！」とアジ演説をぶったようだ。これについて本人は後に人から問われ、「ぼくは演説うまいからね。ずらっと集まったよ、学生が」と得意げに話している。

それにしても、裁判官だった宇田川が、どうして京都の少年審判所長になったのか。当時、少年審判所は裁判所ではなく行政機関である。

裁判官の復帰願いを出した宇田川への辞令は、大阪高裁だった。満州から帰国した翌月に、彼は再び荷造りをして、一家で大阪へと向かう。

宇田川の妻の千代子は、この時も小さな骨壺を、離さず抱えていた。満州で肺炎のため一歳で亡くなった、三男の濃の骨だった。

大阪に一家の住む部屋を見つけると、千代子は家財道具を片付けるよりも先に、近くの寺へ行った。骨壺を寺に預け「どうかこの子を供養してあげてください」と依頼したのである。

「これで、肩の荷が下りたよ」

帰ってきた千代子は、うれしそうに言った。そして、翌日に力尽きたように、寝込んでしまう。彼女はそのまま起き上がることができなくなった。千代子は昭和二一年一〇月二八日に腸チフスのため三六歳で亡くなった。

宇田川の悲嘆は、大きかった。

長男の潔は、父親が立ち上がれないほどに悲しんでいる姿を見ている。千代子は満州でも献身的に夫を支え、敗戦後の厳冬を乗り越え、子どもを連れて引き揚げてきたばかりである。唯一気がかりだった三男の遺骨をようやく納めたことで、敗戦から長く張り詰めてきた彼女の気持ちが、ぷつりと切れたのだろう。

「子どもたちを、どうか頼みます」

彼女はそう言い残して、他界した。

京都少年審判所の所長という打診を受けたのは、この頃だった。宇田川は後に、「初めはとても行く気がしなかった」と回想している。妻を失った上、ようやく裁判官に戻ったばかりである。しかも各地で、戦災孤児、とりわけ浮浪児の処遇が困難を極めていることは、裁判官の間でも知られていた。だが、彼は突然、気がついたという。後に当時の気持ちをこう話している。

「ハッと気がついて、今、日本には、たくさんの父親あるいは母親を亡くした子どもがいると。浮浪児がたくさんいると。あれの亡くなった母親、父親、あるいは生きている父親、母親、片親がね、どんなにか悩んでいるのではないか。こういうことを考えると、よその子どもを救うことによってね、自分の子どもの将来も実るというふうに約束するのも方法じゃなかろうかと」

ここで彼が述べている「約束」とは、亡くなった妻の千代子に対してだったのだろう。

所長になった宇田川は、大阪から京都へ片道三時間かけて通うようになる。朝七時に家を出て夜一二時に帰る毎日だった。彼は、妻を失ったつらさを、少年たちのために注ぎ込み、乗り越えようとしたのである。

宇田川は、さらにこう話している。

「ぼくはね、もう死んでもいいという気持ちがしていたよ。女房が亡くなっちゃってね。これからのすべてを捧げて、少年方面をやろうと」

BBS運動の打ち合わせ会を開くため、支援に協力する学生の代表が、京都少年審判所に集まった。大谷大学、龍谷大学、京都府立医科大学、立命館大学、同志社大学など。設立準備会の委員長には、投書をした永田が就任した。

宇田川は部下の徳とともに、集まった学生たちへ、少年非行の現状とアメリカのＢＢＳ運動を説明し、「ぜひとも、君たちの若い力をお借りしたい」と熱弁をふるった。

学生たちが驚いたのは、その後である。

会議室に、大量のふかしイモが運ばれてきたのだ。湯気が立ち、粗塩まで振りかけられている。学生たちはどっと歓声をあげた。

宇田川は笑顔で口を開いた。

「このおイモは、決してヤミで手に入れたのではありません。今日の皆さんの会議のために、わざわざ茨木の少年院の畑から、掘りたてを届けていただいたのです。遠慮なく、全部召し上がってください」

永田の回想によれば、宇田川は朗らかな口調で「ぜーんぶ」と言っている。目の前のイモとユーモラスな言葉に、室内の空気が急に和らいだ。学生たちが次々と手を伸ばして笑顔になると、打ち合わせも活発になった。その後は、打ち合わせの会議を開くたび、このふかしイモは恒例となった。

昭和二二年二月二二日に、京都女子専門学校の講堂で、「京都少年保護学生連盟」の発足式が行われた。予想をはるかに超える四〇〇人の学生が集まった。

日本初のＢＢＳ運動は、こうして京都の地でスタートしたのである。

六　アイデアマン

宇田川潤四郎が次に取り組んだのは、資金集めだった。何をするにも、まず資金が必要だと考えた。彼は、南座など京都の劇場を借りて、チャリティーの免税興行を始めたのである。

どういう経緯かは分からないが、宇田川は大映社長の永田雅一と知り合いになる。永田は京都出身でその発言と経営手腕から「永田ラッパ」の異名を取る。ちょびヒゲの風貌も宇田川と共通点があって、宇田川と意気投合し、チャリティー活動に協力するようになった。

長男の潔の記憶では、二葉百合子や轟夕起子など、当時の人気スターを次々と京都へ呼んできたという。当然、劇場は連日満員大入りである。潔もチャリティー公演でルナール原作の「にんじん」を見ている。主演は中村メイコだった。

宣伝もぬかりない。地元の記者たちと懇意になり、活動はたびたび新聞で紹介されて、いっそう人気を集めた。劇場には「京都少年審判所主催」と染め抜かれた幟が飾られていた。さらには「進駐軍軍政部後援」という幟もあった。本当にGHQが後援していたのかどうか。しかし、こう書いておけば、やくざも警察も文句をつけることはないだろう。こうした用意周到なところも、いかにも宇田川のアイデアであった。

潔の記憶では、一連のチャリティー興行によって、京都少年審判所には、実に五〇万円という巨額の資金が集まったという。

さらに宇田川は、少年審判所の中に「京都少年保護学生連盟」の事務所を作った。団体は学生がメンバーのため、卒業によって人材が継続しないという欠点があった。そこで、審判所に事務局としての機能を持たせ、事務処理の未熟さを補うことにしたのである。

さらに、非行少年の保護観察を、BBS運動の学生たちに任せたのである。

学生には「お説教だけはするなよ。兄や友達の気持ちで一緒に遊び学び行動で導け」と指導し、「おしるこでも食べに連れて行け」と活動資金として、そのつど二〇〇〇円を渡した。小学校教師の初任給が二〇〇〇円の時代である。

昭和二二年五月には京都で一週間、「愛の少年文化祭」を開き、児童の展覧会や募金活動、それに駅伝大会も開催している。翌年の四月から五月には学生たちによるバザーを開いた。

夏には比叡山や琵琶湖で、二泊三日から四泊五日の野外学校を実施している。矢継ぎ早のアイデアだが、宇田川によると、これも靖国神社近くの古本屋で買った『米国の少年裁判所』という本の中に、「アメリカのBBS運動は林間学校を行う」と書かれていたことが、ヒントになったという。

京都の取り組みは評判を呼ぶ。

ほかの地域でも、学生たちによる少年少女への支援が行われるようになり、BBS運動は急速に全国へと広まっていった。

その活動は、現在も受け継がれている。全国に約五〇〇のBBS会があり、全国組織も作られている。会員数は四五〇〇人。大学のボランティアサークルなどと連携し、今もなお少年少女の更生保護に、大きな役割を果たしている。

宇田川は、京都に少年院も作った。

当時、京都で警察に逮捕されたり補導されたりした非行少年は、すべて大阪の浪速少年院に送られていた。関西も少年院不足は深刻だった。京都の一少年審判所長にすぎない宇田川が、それを自分で解決しようとしたのである。

戦後すぐの時期は旧軍の施設が各地に残されていた。日本軍は消滅したため、まだ当時は、放置されている土地も少なくなかった。宇田川はそこに目をつけた。自分で近畿財務局の京都出張所を訪ねて、「建物が残り、空いている敷地を少年院にしたい」と持ちかけたのである。

係員が京都に残る旧軍の施設として教えてくれたのは、宇治市にあった火薬貯蔵庫と射撃場の跡地だった。見に行ってみると、そこは山を含めて二万六〇〇〇坪という広大な敷地で、建物もそのまま少年院として使うことができる。宇田川はすぐに気に入った。

しかしそこは、すでに複数の民間企業や団体が払い下げを要望していた。当然ながら、彼らは後から突然出てきた宇田川の申し入れに、強く反発した。

そこで宇田川は、もっとも強硬だった引揚者団体の理事長の元を訪れた。そして理事長に対し、少年院の建設が戦後日本の発展のためにいかに大切であるか、少年保護の重要性をひたすら説いたのである。

この説得で、最初は怒っていた理事長も納得させてしまう。宇田川がおもしろいのは、それにとどまらず、この理事長と仲良くなり、少年院や後の家庭裁判所の支援者になってもらったところだ。潔の記憶では、理事長は長く宇田川と交友を続け、少年保護の活動に協力してくれたという。

こうして昭和二二年に少年院は設置された。人員不足と予算不足のため、平地のみの一部使用という形で許可され、「宇治少年院」と名づけられた。宇田川自身は「宇治学園」とか「宇治トレーニングスクール」など、少年院らしくない名前にしようとしたが、そこまで自由にはならなかった。

宇治少年院は六〇年以上、京都の少年保護の中核となり、少年事件の減少によって、平成二〇（二〇〇八）年にその役割を終えた。

七　殿様判事ニューヨークを観る

今回、内藤頼誼《よりよし》と待ち合わせたのは、東京都新宿区内藤町の交差点だった。

内藤町で内藤さんと待ち合わせるのは、別に偶然でも洒落でもない。町の名は信州の旧高遠藩主だった内藤家が由来であり、頼誼は内藤家の一七代当主にあたる。そもそも隣接している広大な新宿御苑も、明治になるまで内藤家の敷地だった。頼誼の自宅は今も新宿御苑に面した内藤町にある。

八〇歳を超えた氏だが、長身痩躯で白い口ヒゲ、右手にステッキを握るダンディな紳士である。朝日新聞で法務省担当やアメリカ総局長を務めただけあって、気さくな語り口だった。

取材を依頼したのは、父親の話を聞かせてもらうためである。

「地元新宿の話ではよく取材を受けますが、親父の話を訊きたいというのは、珍しいですね」

頼誼の父親は内藤頼博《よりひろ》。元裁判官である。戦前は子爵でもあり「殿様判事」と呼ばれた。

頼誼によると、かつては内藤町に広大な内藤家の本館と別館があった。当主の父親は本館、子どもたちは別館に暮らし、戦前までは食事も別だったという。残された写真を見ると、父親の頼博は面長で目もと涼しく鼻筋の通った二枚目である。身長は一七五センチメートルと当時としては大柄で、裁判所の中でも、おそらく目立っただろう。

ちなみにこの取材の後、昭和四〇年代に彼の部下だった元職員の女性に、内藤頼博がどんな人だったのか訊いてみた。もう半世紀も前の話なのに、内藤の名を出したら、とたんに目を輝かせた。

「背が高くて男前で優しくて紳士で、素敵な方だから女性職員はもうたいへん」だったという。「遊びにおいで」という言葉を真に受け、近所を通りかかったからという理由で、女性職員たちが集団で内藤家を訪ねていったこともある。女性たちの突然の訪問にも、にこやかに対応してくれたという。

今回、何人ものＯＢに内藤の話を聞いたが、最高裁の事務総局には厳しい一方で、現場の若い裁判官や書記官、事務官、それに調査官には、優しく紳士的な振る舞いで人気があった。

頼誼もその点は同意した。

「あれほどモテた人はいませんね。教養が深くて趣味が古典芸能の鑑賞で、社交的だったため芸能界にも多くの友人がいました」

酒は好きだったのだろうか。

「いや、お酒は一滴も飲めなかったのです。これでお酒が飲めたらさぞかし夜の街でも大変だったでしょう」

息子から見た父親は「本当のリベラリストであった」という。

まだ戦前だった頃、今も忘れられない父の言葉がある。内藤の妻は西郷従道の孫にあたる。そのため母方の兄弟は全員が軍人、さらに内藤頼博の弟、つまり頼誼の叔父も軍人だった。子どもだった頼誼も海軍兵学校に進んで立派な軍人になりたいと考え、父親にそう話してみた。

内藤の答えは、

――お前、馬鹿か。

であった。軍人になるなんて馬鹿だ、という。

「当時としては考えられない言葉です。『じゃあ軍人である叔父さんも馬鹿なのかよ』と思ったけど、それは言いませんでした」

昭和一五（一九四〇）年四月から一二月まで、内藤は司法省の命を受けて、アメリカの家庭裁判所を視察している。

開戦の一年前であり、その後戦争が終わるまで、アメリカの家庭裁判所を視察した裁判官は誰もいない。当時の内藤は三二歳。ニューヨーク、ワシントン、シカゴなどアメリカの主要都市を回っている。

内藤はここで、家庭裁判所の仕組みに夢中になった。

――日本の裁判所ではまったくやっていないことをしている。

そう思ったのだという。そもそも、裁判所の雰囲気からまったく違った。

ニューヨークの中心にあるマンハッタンの家庭裁判所は、完成したばかりの一〇階建てのビルで、外光の差し込む明るい雰囲気だった。わざと暗く権威づけしようとする日本の裁判所と、正反対である。あくまでも市民に親しみやすく、入りやすいようになっていた。

毎朝、家事部の受付には、主に子連れの女性が列を作って待っている。受付では、札を渡されて数日後を面会日として指定される。面会日には、担当の職員が事情を聞き、その場でタイプライターを使って聴取書を完成させる。当時の日本の裁判所では考えられない早さである。その態度は素早く、しかも親身であった。

ここで聞くのは相談の内容だけではない。家庭の経歴、経済状態、人種、宗教など。面会係の多くは若い女性職員で、内藤は彼女たちの手際の良さに感心している。

ほかにも驚くことはたくさんあった。家庭裁判所の中には医師が常駐している。いわゆる医務室であり、当事者の健康や精神状態を把握するための制度である。また、専門の職員が職業適性調査も行っていた。どちらも戦前の日本の裁判所や少年審判所には、存在しない仕組みだった。

——どうして裁判所にお医者さんがいたり、職員が職業相談みたいなことをやったりするんだろう。

不思議なことばかりだった内藤は、家庭裁判所に毎日朝から晩まで通うようになった。分からないことがあると、家事部でも少年部でも職員を捕まえては質問する。一週間ほど通っていると、すっかり顔を覚えられ、裁判所の職員から「あなたは、ここで立派に働けますよ」と冗談を言われるまでになった。

頼誼は戦後、父親から何度も、アメリカの家庭裁判所の話を聞かされている。

「この時の経験が、父の裁判官としての生き方に大きく影響したのだと思います」

頼誼から見ると、内藤頼博はもともと「司法の力」というものを深く信じる裁判官であったという。

そして司法の力は民衆のためにあるというのが、内藤の考える理想であった。

昭和一三年に内藤は、東京地裁や東京区裁（現在の簡易裁判所に相当する）の主に若手裁判官たちと、「さつき会」という団体を結成している。

当時の裁判官には、できるだけ司法省に入って官僚となることが、出世の早道だと考える風潮があった。だが、内藤らが作った「さつき会」は、「裁判官は裁判をやることのみを天職と心得るべし」という理念を持ち、裁判所が司法省から監督を受けることに反発を抱く。会員たちは司法省への転任を拒否するなど、戦前の裁判所内部でも問題視されるようになっていった。

そんな内藤にとって、市民に身近であり、しかも根底にヒューマニズムを持つアメリカの家庭裁判所こそ、自分たちの理想を体現した司法に見えたのだろう。

アメリカでは裁判官の地位が高く、市民が強く信頼する存在であることも、うらやましかった。頼誼にも「アメリカ映画を見ていても、裁判官が悪役や殺人犯になることはまずないんだ。それだけ裁判官は中立で立派な人だと見られているんだ」と、誇らしげに話している。

帰国してすぐ、内藤は昭和一六年一月五日発行の『法律新報』に「紐育《ニューヨーク》の家庭裁判所を観る」という記事を寄稿している。

すでに日米開戦は間近である。この雑誌は司法の専門誌にもかかわらず、司法省や裁判所、検察庁の幹部たちが国家への忠誠を求める寄稿を掲載している。その中で挟まれるように掲載された内藤の記事は、一貫してアメリカの家庭裁判所を、好意的に紹介している。当時としては異例であり、信念や勇気がなければとてもこうした記事は書けなかったろう。

内藤は記事の最後に、こう記している。

——紐育《ニューヨーク》の家庭裁判所では、書記官のような仕事をする人の部屋に日本の盆栽が飾られてあったり、「オハヨウ」「サヨナラ」などの簡単な日本語を解する書記が二人もいたりして、米国の社会に浸みこんでいきつつある日本といったようなものを感じて、愉快を禁じ得なかったのであります。

八　新少年法と「ファミリー・コート」

日本国憲法ができたことに伴い、大正時代に作られた旧少年法も改正されることになった。

GHQで少年法を担当していたのは公安部だった。特に行刑課長のバーデット・G・ルイスはアメリカ刑法刑事学会の副会長も務めた法律学者である。彼は、少年による事件が、検察官を経由する仕組みを見直し、裁判所がすべての判断を行うべきだと考えていた。ルイスは昭和二二年一月に、司法省のまとめた改正草案に修正を求める「意見」を提出している。

だが司法省は、この「意見」に強く抵抗した。

これまでは、検察官が少年の扱いについて、実質的な判断を行う「検察官先議」であった。少年審判所に送られるのは、保護処分となる少年が対象である。しかし、ルイスはアメリカの当時の標準少年裁判所法を元に検察官の関与を否定した。「裁判所先議」への大転換である。このため司法省は、事件が検察庁の手を離れてしまうことに、強く抵抗したのである。

昭和二二年五月に司法省保護課が作成した公文書「ルイス博士の提案に対する意見」が残っている。その内容の大半は、少年審判所を今のまま自分たちの手元に置いておきたいという希望だった。「我が国では裁判所は暗く恐ろしいところと考えられがちで、裁判所になれば少年に悪い影響を与える」などと記している。戦時中の司法省と検察当局が、治安維持の名目でどれだけの弾圧を行ったかを考えれば、今さらどの口が「裁判所は暗く恐ろしいところ」などと言えようか。

意見はさらに「これまで、少年事件の起訴率は約一〇％で、八六％は少年審判所に移送されているのだから、実際の運用には大差がない」と食い下がっている。

だがＧＨＱは、司法省の主張を一蹴した。

ルイスは翌年の昭和二三年二月に「日本の少年裁判所法に関する提案」を司法省に示した。そこには「地方裁判所と同格の裁判所として」少年裁判所の設置が明記されている。さらに上席調査官が裁判官の指示を受けて事件を調査することなど、調査官制度を設けることも記された。

提案と言いつつも事実上「こう作れ」と命じられた当局は、言われるまま少年法の改正案を作成するほかなかった。後に検事総長となる竹内壽平は、法務省の刑事局長だった昭和三五（一九六〇）年に憲法調査会の第一委員会で、少年法の制定過程について次のように証言している。

「この案は、ルイス博士の言動等から判断して、どうしても日本側では修正できんという情勢であったということであります。ルイス博士は、冗談に申したのでございましょうが、そんなに苦労せんでもいい、翻訳すればいいのだという言葉もあったということでありまして（後略）」

「翻訳だけしてろ」という言葉は、当局にとって屈辱的だったろう。GHQの承認を得て、国会に少年法の改正案が提出されたのは、昭和二三年六月一六日。成立したのは七月五日であった。竹内は、証言の最後に腹立ちを隠していない。

「これを押しつけ立法であると見るか、そうでないと見るか、これは個人個人の見方によって、いろいろな意見も出ると思いますが、当時の責任ある、その折衝にあたっておりましたものは、その当時はまったく手をやいたいきさつが、以上ご説明したところでお分かりいただけたと思うのでございます」

こうした経過をたどった少年法は、後に一部幹部の不満となってくすぶり続けた。やがて、少年法の「GHQ押しつけ論」となる。

ただし、当時の公文書からたぐっていくと、もう一つ分かることがある。

旧少年法が一八歳未満だった対象年齢を、二〇歳未満に引き上げる方針は、司法省時代の改正草案の時から、自主的に盛り込まれているのだ。

一方でルイスの意見にも、対象は二〇歳未満と記しており、この点で双方の考えは一致している。

最高裁家庭局の初代第三課長だった内藤文質も、新しい少年法の対象年齢について、後の座談会で裏づける証言を述べている。

「年齢の点は、これはＧＨＱのディレクティブ（指示）でも何でもないのです。それよりも、今まで少年保護をやってきた専門家が、この際ぜひ二〇歳までは少年にすべきだと、こういうことを強く主張していたわけなのです。ですから、司法省自体の発想でもあるわけです」

この座談会では、別の出席者も対象年齢の引き上げは「司法省の意向だった」と述べている。当時の公文書を読むと、司法省（昭和二三年二月より法務庁）の抵抗の理由は、検察官の先議が奪われることにあり、対象年齢を引き上げたことは、ＧＨＱの押しつけでも何でもないことが分かる。

一方で最高裁は、少年法の改正案が提出される直前の、昭和二三年五月一八日に、ＧＨＱと会議を開いている。

出席したのは最高裁秘書課長の内藤頼博、民事部第一課長の服部高顯、最高裁事務官だった森田宗一などである。

すでに少年審判所は新たに裁判所となることが、ほぼ固まっていた。「少年裁判所」という名前も予定されている。だがこの日、最高裁はＧＨＱにまったく別の要求をしている。「少年審判所が裁判所になるなら、家事審判所も裁判所として独立させてほしい」と求めたのである。これは、家事審判所の裁判官たちの強い要望に基づいている。家事審判所は支部という扱いのままで、全国のどこにも独立した庁舎がない。設備も貧弱で人もそろっていない。このままでは、増え続ける家庭の問題に、対応できないと考えたのである。

したがって、この時点ではGHQに対し、「少年裁判所」と「家事裁判所」という、二つの新たな裁判所の計画が示されたことになる。

GHQの回答は否定的だった。「こんなに予算が膨大になっては困る」というのである。日本の現状から考えても、今ここで全国に二つずつ新たな裁判所を作る余裕はなかった。最高裁もそれは理解しており、多分に「少年裁判所」に対する対抗意識もあったのだろう。

しかし、その後GHQは、態度を変えていく。最初の会議から数日後、最高裁はGHQから、逆提案を受ける。

——少年と家事を一緒にして、「家庭裁判所《ファミリー・コート》」を作らないか。

これは、アメリカの家庭裁判所を念頭においた提案だった。ただし、話を聞いた日本側のメンバーのほとんどは、GHQの提案が即座にはイメージできなかった。

少年審判は刑事的手続、家事審判は民事的手続である。さらに、現在の管轄も法務庁と最高裁で異なる。一緒にできるとは思えなかった。

ただし、内藤頼博だけは違った。

出席していた日本人の中でただ一人、ニューヨークの家庭裁判所をつぶさに見てきた内藤は、GHQの提案をその場で理解できた。

彼は、交渉の途中から「日本も家庭裁判所にした方がいい」という気持ちを抱くようになっていたという。ニューヨークの家裁も家事部と少年部が併存し、それぞれが立派に機能していた。内藤の頭には、施行されたばかりの新憲法もあった。男女の平等や少年の保護を実現するため、家庭裁判所という組織は、憲法の理念にもぴったりだと考えたのである。

本人の回想によると、GHQの提案を聞いた内藤は、実際に会議の場で、思わず「それは、一つにすべきです」と声をあげている。

同じ頃、法務庁もGHQから同じ説明を受けていた。

GHQの承認を得た昭和二三年五月の少年法改正案には、第一次案に書かれていた「少年裁判所」に代わって、初めて「家庭裁判所」という表現が盛り込まれた。

この法案に「家庭裁判所」という言葉が使われたのは、これが初めてとみられる。こうして家裁は、まだ組織の全体像も見えないまま、改正される少年法の中に、言葉だけ、盛り込まれたのである。

九　女性法律家第一号

三淵嘉子（当時の姓は和田）は、昭和二〇年の敗戦を、疎開先の福島県坂下町（現会津坂下町）で迎えている。

もんぺ服にぼさぼさの髪で、慣れない畑仕事をしていた。すぐそばには、まだ一歳の一人息子、芳武が無邪気に遊んでいた。

三淵の弟の武藤泰夫は終戦前、疎開先に姉を訪ねた時の痛々しい思いを、今も覚えている。

――あの、さっそうとしていた姉が、むごいことだ……。

泰夫が「むごい」と感じたのは、三淵が日本で最初に司法科試験に合格した女性弁護士であったからだ。虎ノ門の事務所に所属し、さっそうとしたスーツ姿で働いていた姉の姿とは、あまりに違う。

三淵が暮らしていたのは農家の納屋だった。電気もなく、明かりはランプだったという。兄の妻とその子の四人で、床にむしろを敷いて寝起きしていた。ノミやシラミに悩まされながら、荒れ地を掘り起こしていた。また、農家の手伝いをして、食べ物を分けてもらうこともあった。彼女は、芳武を守ろうと、懸命に生きていた。

泰夫によると、三淵は畑仕事をしながら、よく「戦友」の歌を口ずさんでいたという。「ここは御国を何百里、離れて遠き満州の」という歌詞である。

三淵の夫である芳夫は、この歌のように昭和二〇年一月に召集され、中国の上海にいた。

三淵の父、武藤貞雄は台湾銀行に勤め、アメリカやシンガポールにも赴任していた。大正三（一九一四）年に生まれた嘉子の名は、当時暮らしていたシンガポールの漢字に由来する。

東京では両親と麻布の広い邸宅に住み、五人兄弟の長女として活発な女性に育った。丸顔で、左の口もとにできる大きなえくぼがチャームポイントであった。きれいな声で、朗らかに笑う。頭も抜群に良く、明治大学の専門部女子部から法学部へ進んだ。この頃、女性で法学部に入ることができる大学は、明治大学などごくわずかしかなかったのである。

当時、女性が法律を学ぶということは、結婚をあきらめるということを意味していたという。うそのようだが、三淵本人がそう記している。

三淵は、進学のため女学校に卒業証明書をもらいに行った。そこで、女性教師は彼女の進学先を聞いて卒倒せんばかりに驚き、こう言って懸命に止めたという。

「法律を勉強なさるのですか。それはおやめになった方がよろしいですよ。お嫁のもらい手がありませんよ」

それでも卒業証明書をもらって家に帰ると、今度は三淵の母がこう言って泣いていた。

「これで娘は嫁に行けなくなった」

弟の泰夫も、家の外を歩いていた男子学生たちが、「ここの家、女だてらに法律を勉強してるんだって」と噂しているのを聞いている。三淵本人も、久しぶりに会った知人に近況を報告すると、変わり者という表情で、こわいなあと言われることが多かった。「まるで自分が、日陰者になったかのようだった」と回想している。女性が法学部に進学するというだけでも、大変な時代である。

本人は、それほど思い詰めた動機があったわけではない。泰夫によると、実家は江戸時代から続く丸亀藩の御殿医であったという。父親は娘に医師になってほしいという希望があった。しかし彼女は血を見るのが怖く、医者は無理だと考えて、法律を選んだのだという。

三淵は、感情が豊かな性格だった。喜怒哀楽が明瞭でものごとをはっきりさせる。自然、女性の中では目立ち、リーダーシップを発揮することになった。

彼女自身は、「もし自分が男だったら、黒部ダムでも造ってみたかった」と話している。また、後輩の弁護士には「私は精いっぱい働きたい。死ぬ時は、『ああ、私は精いっぱい生きた』と思って死にたいの」と話している。

いずれも彼女の性格をよく表す言葉である。


昭和一三年、三淵嘉子は高等文官試験司法科に中田正子、久米愛とともに合格した。昭和八（一九三三）年に女性に弁護士の門戸が開かれてから、女性の合格者は初めてであった。

新聞は「初の女弁護士誕生」と、三人を写真付きで大きく取り上げている。全員が明治大学の出身である。総長の鵜沢総明や、女子部委員の穂積重遠、それに女子学生たちが参加して、盛大な祝賀会も開かれている。三人のうち久米が初めて法廷に立った時には、新聞に初弁論ぶりを紹介する、長大な法廷雑感記事が書かれたほどであった。

弁護士試補（修習生）の間は、三人とも丸の内の弁護士事務所に勤め、昼には待ち合わせをして一緒に昼食を楽しむこともあった。

三淵は虎ノ門の弁護士事務所に入り、婦人向け相談会を開く活動もしていた。

また、母校では講師として民法を教えていた。女性弁護士第一号としてマスコミからたびたび取り上げられた三淵は、同じく法律を学ぶ女子学生の人気を集めた。彼女のまわりには、いつも人だかりができている。

しかし、戦争が始まると、国が戦っている中で私的な争いをするのはもってのほか、という声が高まり、特に民事訴訟は減少した。

三淵は昭和一六年に、以前自宅で書生をしていた和田芳夫と結婚する。決して「嫁に行けない」ことはなかったのである。芳夫は優しい性格で、三淵とは仲むつまじかった。もっとも、彼女は後に同僚に「男の人っていざというときには意気地がないのね。なかなか結婚しようって言ってくれなかったわ」と話している。

二人は東京・池袋のアパートで生活を始めるが、芳武が産まれると、弁護士は休業状態となった。

三淵の父は台湾銀行から紡績会社の重役を経て、自ら発煙筒や焼夷弾を造る工場を、川崎市の登戸に設立した。麻布の自宅は、空襲による延焼を防ぐため、軍の命令で引き倒された。四人の弟たちは、それぞれ応召したり、大学や旧制高校で下宿したりしていて、両親だけが登戸の工場近くに移り住んだ。

昭和一九（一九四四）年六月に、三淵のすぐ下の弟で長男だった武藤一郎が戦死した。輸送船で沖縄に向かう途中、奄美諸島の南で船が沈没したためだった。泰夫によると、しっかりした性格の一郎は、一家の代表として家族全員が頼りにしていた存在だったという。

続いて昭和二〇年一月に、夫の芳夫に赤紙が届く。二度目の召集であった。もともと身体の弱かった芳夫は、前回も肋膜炎で召集解除になっていた。戦争はすでに末期で、芳夫は病気が完治していないことを告げることもできないまま、中国へ渡った。

芳夫は戦地で発病する。敗戦後、病院船で帰国するが、乗船の時には重病の同僚に付き添うほど元気だったのに、船内で衰弱し、重症になった。自宅に帰ることもできず、港に着いた後、長崎の陸軍病院に移され入院していた。福島の疎開先にいた三淵には何の連絡も届かなかった。

年が明けて、三淵の実家に届いた電報は「芳夫が長崎で危篤」であった。三淵は、夫の復員を知らせる電報だと思い込んでいたため、ひどく驚いたという。芳夫は昭和二一年五月に亡くなり、三淵は夫との死に目に会うこともできなかった。

その翌年、今度は母と父が相次ぎ病気で他界する。三淵は一年あまりの間に、すぐ下の弟と夫、そして両親の合計四人を相次いで亡くしたのである。

三淵はしばらく、泣き続けるばかりだったという。

だが彼女は、家族を養わなければならなくなった。

疎開先の福島から帰ったが、実家の工場は、軍需産業だったため操業できなくなった。残されたのは三人の弟と、一人息子の芳武であった。

「姉は、今で言う〝とと姉ちゃん〟でしたよ」

泰夫はNHK朝ドラのタイトルをあげた。

「私がまだ岡山の六高の学生で、大学に入る前でした。上の兄貴は北大。その上の兄貴は大学を出ていましたが金を稼ぐのが下手でした。まだ幼い芳武君を含めた、全員の生活の面倒を、姉が見なければならなくなったのです。私の学費も、出してくれました。本当に、父親であり母親でもある姉だったのです」

三淵はこの頃、明治大学に戻って、民法の講師をしていた。ただ、大学の講師は給料が安かったという。しかも激しいインフレで、三人の弟と一人息子を養うことができない。

これから、どうするか。そう思った時、三淵はある光景を思い出した。

彼女自身の回想によると、それは昭和一三年、司法科試験の筆記に合格した後のことであった。おそらく口述試験の控え室で、彼女は司法官試補（裁判官と検察官の修習生にあたる）採用告示の張り紙を見たのだ。

そこには対象者として「日本帝国男児に限る」と明記されていた。女性は弁護士にはなることができても、裁判官や検察官になる資格がなかった。

その紙を見た時の気持ちを、三淵はこう記している。

——その告示を読んで、同じ試験に合格しながらなぜ女性が除外されるのかという怒りが猛然と湧き上がってきた。

長い戦争を経て、すでに新憲法が公布されていた。男女平等は明記されている。三淵は息子や弟をどうやって食べさせるかを考えた時、一〇年近く前に張り紙を見た当時の怒りを思い出したのである。

そして、彼女は裁判官になろうと決意する。

弁護士の試験に合格した時、三淵は自らが法律の力で弱い人の力になり、差別をなくそうと考えていた。だが、司法官試補の告示を見た時、自身もまた、差別された存在だったことに気づいたのである。

それでも戦争は、彼女の不満も否応なく抑え込んだ。三淵は一人息子を育てるため、スーツからもんぺ姿となって福島で荒れ地を耕したのだ。

国に堪え忍ぶことを強制されたにもかかわらず、戦争には敗れ、夫は戦病死し、弟は戦死して、両親も他界した。しかし、国からは一言の詫びもない。それは戦争で家族を失った女性に共通する憤りだが、三淵は自身のキャリアを投げうって耐えてきただけに、怒りが強かったのだろう。

昭和二二年三月、彼女は一人で司法省に出向いた。

――男女平等が宣言された以上、女性を裁判官に採用しないはずはない。

三淵はいきなり、裁判官採用願いを書いて、人事課に提出したのである。受け取ったのは当時の司法省人事課長で、後に最高裁長官となる石田和外《かずと》であった。

司法省も最初は彼女の扱いに苦慮しただろう。新憲法が施行されれば、男性に限定された裁判官の採用規則が憲法に違反することは明白である。ただ、石田も新憲法の施行直前に、女性から就職を直談判されるとは、思っていなかったはずだ。

三淵は昭和二二年六月に、司法省民事部に嘱託として採用された。彼女に与えられた仕事は、民法の改正作業の手伝いであった。

彼女は、現場の裁判官になれなかったことに、多少釈然としない思いがあった。それでも、民法の改正作業には、やりがいを感じたという。すでに記したとおり、家制度や家督相続の制度は、法の下の平等や男女平等を定めた新しい憲法に違反する。こうした差別的な制度を、取り除くことが必要だったのである。

民法は憲法の施行までに改正が間に合わず、急きょ、昭和二二年五月に一〇条足らずの応急措置法を制定した。その後翌年に改めて改正を行っている。すでにできていた民法の改正案を読んだ三淵は、「女性が家の鎖から解き放され、自由な人間として、スックと立ち上がったような思いがして、息をのんだものです」と語っている。

民法改正の作業を終えると、三淵は昭和二三年一月に、最高裁民事局へ配属された。今度は家事審判法の制定作業に加わっている。

三淵が後に語ったところによると、この頃、最高裁民事局内部の会合で、家庭裁判所の話が出たという。時期ははっきりしないが、おそらくGHQから、少年審判所と家事審判所の統合の話が出た直後、五月のことだと思われる。

GHQの提案を内藤頼博らが最高裁に持ち帰り、最高裁の各部署で意見を交わしたのだろう。ここでは、アメリカに家庭裁判所と呼ばれる裁判所があること、家事部と少年部に分かれて運営されていることなどが説明された。説明を聞いた三淵は、「結構なことだ」と思っている。打ち合わせの場でも、反対する者はおらず、民事局の中では、すんなりと家裁の設立は、賛成する意思でまとまった。

三淵自身は、裁判所に「家庭」の名が付くことが気に入った。

家庭のためにということは、女性のために、子どものために、つまり弱い立場の人たちに役立つ組織が作れるのではないか。自分が最初、女性弁護士としてめざしていた姿が、実現できるのではないかと思ったのである。

明治大学で教え子だった一人は、家庭裁判所という新しい組織ができることを、三淵から直接教わっている。彼女は、明るい笑顔でこう言ったという。

「家庭裁判所ができたら、きっと、素晴らしい時代が始まるのよ」

一〇 「少年」と「家事」の対立

昭和二三年六月、法務行政長官の佐藤藤佐は、衆議院で少年法の改正案を説明している。佐藤はこの中で、少年に対する保護処分は裁判所が行うことになり、新憲法に基づいて「家庭裁判所」を設置することになったと説明している。

「第一は、家庭裁判所の設置であります。新憲法のもとにおいては、その人権尊重の精神と、裁判所の特殊なる地位に鑑み、自由を拘束するような強制的処分は、原則として裁判所でなくてはこれを行うことができないものと解すべきでありまして、行政官庁たる少年審判所が、矯正院送致その他の強制的処分を行うことは、憲法の精神に違反するものと言わなければなりません。

なお当時は、少年裁判所の設置を予定していたのでありますが、その後種々研究を致し、（中略）少年の犯罪、不良化が、家庭的原因に由来することが多く、少年事件と家事事件との間に密接な関連が存することを考慮したためであります」

新少年法は七月に成立し、翌昭和二四年一月一日に施行されることが決まった。法律にも明記された以上、それまでに家庭裁判所を作る必要がある。だが、家裁の設置は、この時期になってもなお、少年審判所の反発が大きかった。

当時の記録を読むと、少年審判所側の不満は主に二つあった。旧司法省の行政機関だった自分たちが裁判所にさせられてしまうことと、家事審判所と「対等合併」させられることであった。

それまでの少年事件は、検察官が保護処分が相当だと判断した少年を少年審判所に送った。少年審判所はそれを受けて審判を行い、少年院（矯正院）などに送る。一連の流れは法務検察当局で完結されている。

特に少年審判所と少年院は密接なつながりがあり、両者にとっても好都合であった。そこに裁判所という異質な組織が入り込み、「審判」と「執行」とが切り離されてしまうことに、抵抗があったのである。しかも家庭裁判所になれば検察の手を離れて、全件が家裁に送致される。当局にとっては、従来の連携がばらばらにされてしまうことへの不満があった。

もう一つの「対等合併」の不満は、多分に感情的なものだった。

東京家事審判所の所長だった佐伯俊三は、ある会合で、少年審判所の所長から「あなたのところは発足一年足らず。私のところは経歴二〇年です。合併するなら私の方へきたらどうです」と言われている。また、少年審判所長一〇人ほどが最高裁に「家庭裁判所という名前は困る。『少年家事裁判所』にしろ」と申し入れてきたこともあった。

新しい少年法ができた翌月、昭和二三年八月には、法務庁で全国の少年審判所長や少年院長、刑務所長などが参加する会合が開かれている。そこでも反対の声が相次いだ。最終的にこの会合では「当面、発足する家庭裁判所は、少年審判のみを行う裁判所にすべきだ」という結論が出された。そして家事審判は一年もしくは二年程度の施行延期を求めている。つまり家事審判所は当面家裁に入ってくるなと拒否しているのだ。

家事審判所も、こうした少年審判所の態度がおもしろくなかった。自分たちこそ裁判所であるという家事審判所からすれば、「行政機関のくせに」と反発する声があがった。また、少年審判所は特に戦時中、少年に抑圧的な態度を取る職員もいたことから、「あんな野蛮な人たちと一緒になれるか」と毛嫌いする者もいた。

当時、少年審判所と家事審判所の併合は、「恋愛結婚でなく見合い結婚である」と言われた。後に宇田川潤四郎は「いや、見合い結婚でなく政略結婚だ」と述べている。

互いの感情がもつれたままの昭和二三年十一月。

東京で「少年保護に関する全国学生代表協議会」が開かれた。出席したのは全国の学生二二人。学生たちを集めて会合を開くのは、これが初めてだった。彼らはそれぞれの地域で、ＢＢＳ活動に取り組んでいた。

会場には法務庁少年矯正局長の斎藤三郎や東京少年審判所長の横山一郎、それに最高裁や東京家裁で発足の準備作業をしていた裁判官や幹部職員も参加していた。

宇田川が作った「京都少年保護学生連盟」からも、二人の学生が参加していた。この会合、最高裁に議事録が残っていた。二人は席上で、京都のさまざまな取り組みをガリ版で刷った紙を使いながら説明している。

この時の説明によると、京都少年保護学生連盟の会員は一九五人。一時は一〇〇〇人を超えたが、活動を行うためにあえて絞り込んだのだという。さらに総務部、研究部、普及部、個人補導部、団体補導部、医療部の六部制になっていることや、戦災孤児や浮浪児の世話をしたり、非行少年の補導委託も行ったりしている。

また、資金募集のため、各地でバザーなどを開き多くの収益金を得ていることも報告された。全国のBBS活動の中でも、圧倒的な人員と豊富な財源、そして活動の幅広さである。

出席している法務省や少年審判所の幹部は、京都学生保護連盟の説明に驚いただろう。

東京、大阪、松江、静岡などからも学生たちが出席し、それぞれ各地の活動を説明したが、多くは資金難で、中には学生が小遣いから活動費を出し合っているところもあった。

それでも学生たちの活動は、どこも熱心だった。児童養護施設へ毎週交代で通って、子どもたちにレクリエーションや紙芝居などをしている団体や、小学校などと協力して、犯罪防止運動をしている団体。それに少年院を出てきた少年への付き添い指導など、現在の保護観察に似た取り組みを始めているところもあった。学生たちの説明は、金銭的には恵まれなくとも、戦災孤児や非行少年のため、真剣に取り組んでいることが伝わってくる。

議事録で学生が語ったところによれば、行政の協力も少なく、中には少年審判所から「学生は暇なのだから勝手にやっていろ」と言われるところすらあった。各地とも行政より、寺院や教会など宗教団体、そして民間団体の方が、学生たちと協力し、彼らの活動を支えていた。

法務庁の出席者は、多くがまだＢＢＳという言葉もよく知らず、しかも地方で学生たちによる独自の支援が広がりつつあることも、認識していなかったと思われる。それだけに報告を聞いた大人たちから、うわべだけでない感激と感謝の言葉が相次いだ。

「一言、話させてください。さっきから皆さんの熱心な話を聞かせていただいて感激しておりました。とにかく、一つの方向をしっかり確実にやっていただければ、いいと思います」（東京少年審判所少年保護司〈最高裁家庭裁判所準備室兼務〉　亀田松太郎）

「私も、さっきから本当にうれしく拝聴していました。あなた方の純真なご活動は、本当にありがたいと思います」（法務庁事務官　東まさ）

学生たちからは、法務庁などへの要望も出た。

「少年審判所と保護司会の融和ができていなくてゴタゴタしているのですが。協力し合ってもらえないでしょうか」

「厚生省の管轄と、司法省の管轄が対立しているのではないでしょうか」

「子どもたちはどちらの管轄でも一つの魂なんです。この点、当局の反省を求めます」

学生たちに組織の対立を見抜かれ、出席した幹部たちは、恥ずかしかったのだろう。学生の言葉に、内藤文質事務官（後に家庭局初代第三課長）は、自分たちの非を素直に認めている。

「皆様の真摯な態度に敬服しておりました。何か一言申し上げなければならないような気持ちになりました。遺憾ながら、児童福祉関係と司法関係とは摩擦があります。これは大いに反省しなければならないと思います」

京都の学生からは「我々、学生の力で融和しましょう」と逆に励まされている。

「それは、ぜひ、お願いします」

東京少年審判所長の横山一郎も、こう言って頭を下げた。彼は少年審判所と家事審判所の合併に強く反対し、もっとも対立していた一人である。

最後には、少年矯正局長の斎藤三郎も自ら発言を求めて、全面的な支援を約束している。

「私の力でできますことなら何でもお役に立ち、お世話をさせていただきます。（中略）新少年法では、検事が起訴はしないことになり、いっそう愛の法律となり、少年保護の意味がまたずっと広くなったわけです。（中略）私どもは諸君の純真なご協力に感謝し、また大きな期待を持っているわけですから、皆様の活動に何らかのお力添えのできることは、私のもっともうれしいところなのです」

議事録からは、出席していた大人の方が、学生たちから教えられ、素直に反省している様子が分かる。

この頃から、少年審判所と家事審判所の合併に反対する声は、徐々に減っていった。

この議事録には、宇田川の名前は出ていない。

ただし、京都で宇田川の部下だった徳武義が、多摩少年院長として転勤し、出席していた。会合で徳は、京都でスタートさせたＢＢＳ運動の解説役を担っている。

「京都の宇田川所長はたいしたものだ」

おそらく会合の後、法務庁の中で宇田川の力量を評価する声が出たのだろう。最高裁事務次長の五鬼上堅磐の日記には、一二月一七日にこのような記述がある。

――家庭部長（後の最高裁家庭局長）の任命について、S氏から推薦があった。やはり初代の部長でもあり、まったく新しい仕事なので、京都の宇田川少年審判所長を任命するのがこの際適当であろう。

ここの「S氏」とは、この会同にも出席していた、法務庁少年矯正局長の斎藤三郎を指しているとみられる。斎藤は宇田川の同期であり、互いによく知っていた。

石田和外（司法省人事課長から最高裁人事部長）も、同じ頃、その評判を聞き、宇田川に目を付けていた。内藤頼博は石田から「宇田川君を取ってしまおうよ」と言われている。

全国に家庭裁判所を作るという初めての事業の責任者は、豊かな発想と、卓越した実行力が必要であった。斎藤も石田も、京都で二〇〇人近い学生を組織して、日本で初めてのBBS運動を軌道に乗せた宇田川の手腕に期待したのだろう。

さらに斎藤からすれば、少年審判所に残る反発を抑えてスムーズに裁判所へと移行させるため、法務庁側の言い分も理解してくれる人材が必要だった。そのためには、少年審判所長が家庭局長になってくれることが最適だったのだ。

一方で最高裁にとっても適役だった。

宇田川は、旧司法省の出身ではなく裁判官である。最高裁にとっても、自分たちの仲間であるという意識を持ちやすい。

要するにどちらにとっても身内になる存在であり、その意味でも絶妙な人材だったのである。

二　進まない設立準備

最高裁事務次長の五鬼上堅磐の日記に戻ってみよう。彼は相変わらず苦労ばかりしている。彼が支えるべき初代最高裁長官の三淵忠彦は、就任した時から病気がちだった。最高裁発足から一年も経たない昭和二三年七月から、長官は下痢が続き、しばらく欠勤している。五鬼上は何度も公邸に出向いて、病床で業務の報告を行い、判断を仰いでいた。

九月二〇日には、全国の地裁に「家庭裁判所設立準備委員会」を設けるという規則が作られた。裁判所や検察、弁護士、それに地元の有識者をメンバーにして、全国の地裁で、家庭裁判所の設立に向けて、各機関の協力を得ながら準備を進めろ、というものであった。

新少年法の施行は翌年、昭和二四年一月一日に迫っていた。少年法にはすべての事件を家庭裁判所に送ると書いているのだから、全国に家裁ができていないと、少年の行き場はなくなる。残りは三か月あまりしかない。

準備委員会が各地に設置された頃から、五鬼上はようやく家庭裁判所の設立に向けて本腰を入れ始める。九月二六日には、夜行列車で京都少年審判所に出向いた。ここで宇田川潤四郎に会い、審判所の職員たちからも意見を聞いた。午後には大阪の浪速少年院を視察し、少年院長の家に泊めてもらっている。この日、五鬼上は日記に「非行少年の今後の取り扱いの困難さが思いやられる」と弱音を漏らしているが、一方で少年保護に一生を捧げて取り組む人たちの話を聞き、「深く心を打たれた」とも記している。

さらに大阪、大分、福岡、宮崎、鹿児島と各地裁や高裁支部など訪問し、一〇月四日に東京に戻った。同じ日に、長官もようやく職場に復帰した。帰京した五鬼上も安堵したことだろう。

翌一〇月五日には最高裁から全国の地裁所長に、家庭裁判所設立準備について通知を出している。所長が責任者となって、現在の各地裁の職員の一部を家裁へ割り振ることや、新規職員の採用を進めることを求めている。翌日には「家裁の庁舎の確保はできそうか」と、設立準備委員会に検討結果を報告するよう求めている。近隣に新たな敷地を確保するか、地裁の敷地に家裁の建物を建て増すか。いずれも難しければ、地裁の建物の一部を割譲してもらわないとならない。

だが、早くも一〇月一二日には、各地から「敷地が確保ができない」という報告が相次ぎ、五鬼上は頭を抱えている。宇田川がこの前年に広大な宇治少年院の用地を自分で確保しているが、そんなバイタリティある地裁所長は少ない。

同じ一二日の夜に、復帰したばかりの長官が倒れた。慶應義塾大学病院へと運び込まれる。五鬼上は慌てて病院に駆けつけるが、主治医から「手術が必要かもしれない」と言われる。この日から、五鬼上はたびたび病院と職場を往復している。

難題はまだまだあった。

戦後の混乱で、少年観護所と少年鑑別所、そして少年院が全国的に不足していた。当時は、少年院も代用少年観護所として、行き場のない浮浪児を一時的に預かっていた。その結果、施設の不足はいっそう深刻になっていた。非行少年の処遇を実施する上で、基本になる執行機関が整っていなかった。家庭裁判所発足を延期すべきでは、という声まであがるようになる。法務庁は、発足を四月にずらすべきだと主張していた。

五鬼上自身は、秘書課長の内藤頼博らと家庭裁判所発足に向けた準備を進めている。裁判官の中でアメリカの家裁を知るのは、内藤を除けばほとんどいない。内藤は最高裁内部や各地の裁判所幹部らに、家裁の重要性を説明する役割も担っていた。

最高裁の中に急きょ「家庭裁判所設立準備室」が作られた。責任者になったのは、東京家事審判所から異動してきた市川四郎だった。面長で大きな丸メガネの市川は、物静かだが事務処理能力と調整力にすぐれ、後に家庭局では型破りの局長となる宇田川を、第一課長として後ろから支えていくことになる。

枢密院に間借りしていた最高裁はその後、戦災からの復旧工事を終えた霞が関の旧大審院に戻った。現在の東京高裁と東京地裁がある場所である。

最高裁の準備室には、市川の部下として、内藤文質（後に家庭局第三課長を経て弁護士）、森田宗一（後に家庭局第三課長や東京家裁などを経て弁護士）、皆川邦彦（書記）らが集められた。このほかに東京家庭裁判所の事務局長となる亀田松太郎もいた。

弟の泰夫の証言によると、まだ民事局にいた三淵嘉子も、この時点で家庭裁判所の準備作業に加わっている。彼女は民法や家事審判法の改正に携わっていたことから、家裁の規則の制定作業を続けていたと思われる。

全国に新たな裁判所を作るのであれば、巨額の予算が必要になる。しかし、発足まで二か月を切っても、大蔵省から追加の予算は示されなかった。準備室の職員たちは、事業の計画も立てられず、各地裁からの問い合わせにも充分に回答することができなくなっていた。また、体制も増やせなかった。裁判官そのものが全国で欠員が続いていたのである。

社会はまだ戦後の混乱が色濃く残り、人々を震撼させる事件が起きていた。

昭和二三年一月には新宿区の寿産院で、一〇〇人を超える嬰児が死亡していることが分かった。経営者夫婦は親からの養育費や乳児用の配給食糧目当てに赤ん坊を引き取っていたが、多くがミルクを与えられず、餓死したとみられている。

同じ一月二六日には、帝国銀行椎名町支店で、東京都の衛生課員を装った男が、行員一六人に赤痢の予防薬と偽って青酸化合物を飲ませ、一二人を毒殺する事件が起きた。いわゆる「帝銀事件」である。

裁判所は社会の動きと密接に関係する。寿産院の事件は、東京地裁で経営者夫婦の裁判が行われ、連日大々的に報道されていた。一〇月一一日に地裁は二人に懲役八年と懲役四年を言い渡している。

この判決の翌日、今度は帝銀事件の「犯人」とされた平沢貞通被告が、東京地裁に起訴された。後にずさんな捜査が明らかになり、平沢も公判で無実を訴えるが、死刑が確定している。

一一月一二日には、東京裁判の判決が市ヶ谷の旧陸軍士官学校で言い渡された。東條英機や広田弘毅ら七名が絞首刑となった。

さらに一一月二八日の五鬼上の日記には、東京地裁から衝撃的な報告を受けたことが記されている。「芦田均前総理の逮捕状の請求があった」というのである。いわゆる「昭和電工事件」であった。事件によって、政局は一気に流動化する。五鬼上は「前総理大臣を逮捕するというようなことは、我が国の裁判史上、初めてのことだろう」と驚きを隠していない。

この間も長官は入院している。日記には「長官更迭のデマが飛んでいる」と書かれている。一一月二二日には、容態がさらに悪化。腹膜炎の手術が行われた。

最高裁内部の公文書を探しても、九月と一〇月は矢継ぎ早に出されていた家庭裁判所の設置に関する通達が、ストップしている。一〇月の通達では「具体的な設立準備計画並びにその遂行に必要な資料は、逐次送付せられる予定である」と書かれていた。だが、一一月下旬になっても「計画」も「資料」も発送された形跡はない。最高裁も、それどころではなくなったのだろう。

昭和電工事件で国会は騒然としていた。家庭裁判所の予算も決まらない。最高裁長官も倒れて重病である。家裁設立も危ぶまれた。法務庁はＧＨＱに少年法の施行延期を要請している。各地の裁判所も何をどう準備すればいいのか分からず、さぞ困っていたことだろう。最高裁内部からも家裁設立の延期論が出始めていた。五鬼上も内藤も、焦りの色を濃くしている。

一二月に入った。翌年の一月一日までもう一か月を切っている。それでも家庭裁判所の予算はつかない。

一二月四日には大蔵省主計局と法務庁、それに最高裁で協議をしたが、話はまとまらなかった。

一二月六日、五鬼上は意を決して、皇居の和田倉門に近い、丸の内の郵船ビルへと向かった。GHQは丸の内周辺で多くのビルを接収していた。五鬼上が向かった郵船ビルには、少年法改正を指導した公安課が入っていた。

日記によると、応対した公安課のモーラーは「予算は日本政府の責任だ」と取り合おうとしなかった。

「それでは困る。GHQは一月から少年法をスタートさせるつもりはあるのか」

市川四郎が残したメモ書きによると、五鬼上はそう詰め寄っている。このままでは一月一日以降、送致される少年を引き受けるところはなくなってしまうのだ。全国で混乱を来す。五鬼上はさらに「確答を求める」とモーラーに食い下がった。

「一月の施行方針に変更はない。ひとまず家庭裁判所の設立に必要な、最低限度の予算を提出しなさい」

ようやく、モーラーからこの言葉を引き出した。

報告を受けた準備室の市川は、慌てて準備室の森田や亀田たちと、予算要求書を作成した。市川は「ひとまず出せというならば」と、思い切って予算を積み上げ、一億一〇〇〇万円という巨額の要求書を書き上げた。

二日後の一二月八日、今度は内藤頼博が法務庁の佐藤藤佐、斎藤三郎とGHQに出向いた。おそらくこの日も、郵船ビルに公安課を訪ねたと思われる。この日、内藤は市川らが作った予算要求書を提出している。まだこの時点でも予算に関するＧＨＱの確約は得られていない。大蔵省からも追加予算は示されない。

この日の夕方。とうとう五鬼上は、総理大臣の吉田茂を訪ねた。日記によると、彼は入院中の長官の代理を務めている最高裁判事の塚崎直義を伴っている。

二日前の一二月六日には衆議院本会議で、前首相の芦田均らに対する逮捕の許諾が決定された。衆議院の解散が近づいていた。政府も騒然とした空気の中にあった。

日記には、こう記されている。

――総理官邸に吉田総理を訪問し、予算の問題について内閣の善処方を希望したが、吉田総理は椅子をグルグル回しておられ、此方の要望も耳に入ったかどうか……。

解散と選挙を控えた吉田は椅子を回すばかりで、説明を受けても家庭裁判所の予算など、考える余裕もなかったのだろう。

だが、市川の回想によれば翌九日、ＧＨＱのモーラーから最高裁に突然、連絡があった。

「家庭裁判所は来年一月開設であり、最小限度の予算は確保する」という内容だったという。一一日の土曜日、追加予算で家裁開設費用として一億一〇〇〇万円が計上された。要求額と同じであった。

「最小限度」と聞いていた市川は「まさか満額認められるとは」と驚いている。

ようやく、一月一日の家庭裁判所発足が確定した。だが、スタートまで、後二〇日しかない。

一二　元旦の家庭裁判所発足

明けて月曜日の一二月一三日は、全国の高等裁判所長官が集まる会議が開かれた。そこで最高裁は、一〇月の通知後、家庭裁判所についての連絡がなかったことを詫び、その理由を説明している。

「ご承知のような政局及び国家財政の現状から、（家庭裁判所の）実施も一時危ぶまれ、したがってその準備に関しても何らの通知も出し得ないまま、今日に及んだ次第でありまして、この点、設立の衝にあたられる地方裁判所長がさだめし困惑せられ、かつ焦燥せられていることと、重々お察しするのでありますが、（中略）一両日前に至って、ようやく家庭裁判所は予定通り明年一月一日から発足することが、ほぼ確定的となりました（後略）」

土曜日に予算が確定して間がないためか、最高裁の説明はどことなく晴れやかである。しかしそう言われても、聞いている各地の長官は困っただろう。

一月一日まで、残り一八日しかないのだ。

この挨拶に続き、最高裁が各高裁長官へ行った説明が残っている。読んでみると、どたばたを絵に描いたような内容である。

まず、家庭裁判所の建物である。

「家庭裁判所の庁舎は、近く新築する予定でありますが、(中略)さしあたり明年一月一日から開庁する場所としては、(中略)どこも困難と認められるので、原則として、一応、地方裁判所の本庁または支部の庁舎をもってこれにあてることとし(てほしい)」

ちなみに翌日には全国に通達を出し、「適当な敷地と建物を物色しろ」と求めている。つまりは自分たちでどこか探せという指示であった。

裁判官や職員の体制についても、同じようなものである。

説明では家事部について、「少なくとも裁判官一名を専従とするよう」に求めたが、少年部は「できるだけ少年審判所の審判官を勧誘してほしい」、つまり前身の少年審判所から引っ張ってこいと言うのであった。ついでに「職員もできるだけ少年審判所から連れてこい」「後は児童委員や教員、警察職員などから物色せよ」という。こうなると何でもありである。

もっとも、少年審判所はこの段階でも、全国一八か所にしかなかった。少年審判所がもともと存在しない多くの県では、地裁の裁判官や職員が担当することになる。しかし、戦前からの経緯を見て分かる通り、裁判官のほとんどは、少年事件を審理したことがない。裁判所の職員も、非行少年や浮浪児をどう取り扱えばいいのか、分からないことだらけであった。だがこの時点でも具体的な指示はない。そもそも、家庭裁判所の規定を追加した改正裁判所法が公布されたのも、この会議が終わって一週間後の一二月二一日である。

「職員の充実につきましては、大体以上の通りであります」

驚いたことに、体制の説明はこれで終わりである。

最高裁の準備室の一人、亀田松太郎は元日から東京家裁の事務局に勤務をすることが決まっていた。このため彼は、最高裁での仕事と併行して、発足することになる東京家裁の準備もしなければならなかった。

亀田は当時四二歳。もともとは横浜区裁判所の書記だったが、昭和一八（一九四三）年から東京少年審判所に移り、少年保護司（後の調査官）の仕事をしていた。

ぎょろ目と生え際の後退した額に団子鼻。一見怖そうな風貌だが、叩き上げの苦労人で、見た目とは違って温和な人柄である。彼の元で働いた職員によると、部下にも丁寧な言葉遣いの紳士だったという。酒には強くないため、大きな仕事を終えた後には、若い職員を居酒屋ではなくレストランに連れて行き、洋食をごちそうしてくれた。亀田は実に一〇年間にわたり、東京家裁の事務局長を務めている。

亀田は家庭裁判所発足までの紆余曲折を、最高裁準備室の中からつぶさに見ていた。一時は延期するという噂も流れただけに、本当に自分が勤務することになる職場の開所が元日までに間に合うのか、半信半疑であった。

——元日の開所は、無理ではないか。

彼はずっと、心配していたと思われる。

東京家裁の家事部は、今まで通り、弁護士会館の講堂を使うほかなかった。職員もそのままで、地裁支部から家庭裁判所になるだけなので、施設の不十分さを我慢すれば、ひとまず元日に間に合わせることは難しくなかった。

問題は少年部である。東京少年審判所は千駄ヶ谷に立派な建物を持っていたが、法務庁に戻されて保護観察所になることが決まっていた。家庭裁判所の少年部はどこかに新しい場所が必要になった。

東京地裁と交渉した結果、最初に少年部に与えられたのは地下のたった一部屋だった。それも、喫茶室の半分である。

広さは二〇坪ほど。たった一部屋の半分とはひどいものである。後に図書館棟にも少年部の部屋は作られることになるが、まずは喫茶室で開所するしかない。

当時はまだ、家庭裁判所の所長も事務局長も、地裁との兼任だった。一二月二七日と二九日の二回、東京家事審判所の佐伯俊三所長と、東京少年審判所の横山一郎所長が参加して打ち合わせが行われたが、結局幹部は亀田に「頼むよ」という結論になった。仕事納めも何もなく、年末の数日を使って、亀田は自力で準備を進めなければならなかった。

彼は部下となる書記と一緒に、喫茶室の中に十脚ほどの机と椅子を運び込んだ。東京家裁の印判や帳簿類も亀田が調達した。作業を終えて形だけでも少年部の部屋ができあがったのは、もう一二月三一日の朝であった。

小さいながらも、現実に家庭裁判所の姿が見えたことに、亀田は部下の職員と手を取り合って喜んだ。

次の日は、昭和二四年一月一日。全国に家庭裁判所が生まれる日である。

亀田は暗いうちから、ただ一人、モーニング姿で登庁した。

自宅から障子紙に筆で「東京家庭裁判所」と書いた表札と、糊入れを持ってきていた。

元日の朝は、何のセレモニーもなかった。正月休みで、裁判所の庁舎は静まりかえっている。東京家裁の開設記念式典は一月四日に予定されていた。

亀田は一人で、建物の入り口に掲げられている「東京地方裁判所」の看板の隣に、自分で持ってきた「東京家庭裁判所」の表札を、糊で貼り付けた。周囲に人の姿はない。午前八時のことであった。

貼り終わった表札を、亀田は改めて眺めようとした。しかし、視界がにじんだ。

亀田は何度も目をぬぐった。

涙は次々と流れてきた。手作りの「東京家庭裁判所」の文字を、彼はどうしても見ることができなかった。

第二章　家庭裁判所の船出

一　屋根裏の最高裁家庭局

当時も今も最高裁判所は、裁判を行う部門と、事務部門の二つに分かれている。

現在の建物は、東京都千代田区隼町の一万一〇〇〇坪の敷地に、巨大な白い御影石を積み上げたような形をしている。皇居側から眺めれば、岩城のようにも、宇宙船のようにも見える。この中に法廷や最高裁判事の執務室、そして司法行政を担う事務総局などが収まっている。

では、どこが裁判棟でどこが事務総局か分かるだろうか。よく目をこらしてみると、実は外観からも違いが分かる。

皇居と反対側に回って、西側から最高裁を見ると、外壁の色が少し違うことに気づく。御影石と似せた色だが、天然の岩ではない。小さな種石にモルタルを上塗りしたコンクリートである。間近から見ると、もこもこしてくすんだネズミ色の外壁が、事務総局である。

北側の国立劇場の通路から外観を覗くと、天然石からコンクリートに切り替わっている場所が分かる。そこが、裁判棟と事務総局の境目でもある。ちなみに床も裁判棟が大理石なのに、事務総局は小豆色の冴えないタイルに変わる。やはり花形は法廷であり、最高裁であっても事務部門は役所であった。

その事務総局は、人事局、経理局だけでなく、刑事局、民事局、総務局などがある。一般の役所と違うのは、局長や課長など幹部、そして「局付」と呼ばれる一部の職員は、裁判官が法服を脱いで背広を着ているという点だ。

昭和二四年の一月一日。全国に家庭裁判所ができると同時に、事務総局にも新しく「家庭局」が発足した。初代家庭局の主なメンバーは次の通りである。

家庭局長　　　　　宇田川潤四郎
第一課長　　　　　市川四郎（家事担当、第二課長兼務）後に東京高裁長官
第三課長　　　　　内藤文質（少年担当）後に弁護士
事務官（局付）　柏木千秋（総務担当）後に名古屋大学教授
事務官（局付）　森田宗一（少年担当）後に第三課長、弁護士
事務官（局付）　三淵嘉子（家事担当）後に横浜家裁所長

事務官にはほかに書記出身の皆川邦彦や八島俊夫などもいる。さらに「雇」や「給仕」を含めると、発足した家庭局は全員で二七人という記録がある。このほか、秘書課長の内藤頼博は、翌月の二月付

で総務局長となる。

家庭局長に抜擢された宇田川の着任については、証言が食い違っている。

宇田川自身は、昭和二三年一二月初めに法務庁の斎藤三郎から「最高裁判所が君に家庭局長になってくれと言っているが、引き受けないか」と打診されたと記している。もっとも「自分は局長といった仕事を担当する柄ではないので断る」と固辞し、斎藤から求められた最高裁の人事部長である石田和外への訪問も断って、そのまま京都に帰った、という。

しかし五鬼上堅磐の日記だと、一二月二一日に、「家庭局長に宇田川氏を選任することは内定し、本人の承諾も得た」と記されている。

どちらが真実なのかは、よく分からない。はっきりしているのは昭和二四年の元日付けで宇田川に「家庭局長を命じる」という発令があり、自身が一月四日に登庁したことで、着任とされたことである。

もっとも宇田川本人は、京都の少年審判所に大きなやりがいを感じていたようだ。最高裁家庭局長への異動は「どう考えても違法だ」と後々までボヤいている。

枢密院の間借りだった最高裁は霞が関に戻っていた。空襲で床が焼け落ちた旧大審院の赤れんがを修復していた。初代最高裁家庭局メンバーの最初の仕事は、設立準備室から新しい部屋への引っ越しだった。

三淵によると、家庭局の最初の部屋は「四階建ての建物の五階」だったという。四階の屋根裏に造られた部屋だった。屋根が低く斜めで、三淵は「まるで祠《ほこら》のようなバラック」と呼んでいる。

局長になった宇田川は上京してすぐ、内藤頼博の元に何度も通っている。家庭裁判所をどう整備するかというアイデアは、この時期、ニューヨークの家裁を見てきた内藤の方が豊富だった。

年齢も裁判官としての期も、宇田川の方が一つ上であった。また、二人のタイプも内藤が殿様なら、宇田川は天衣無縫である。二人が戦前から面識があったのかどうかは、分からない。それでも、身を乗り出すように新しい知識を取り込んでいく宇田川と、戦前の「さつき会」に加わるほど理想主義だった内藤は、すぐに意気投合した。

新しく発足した最高裁家庭局も、まだ何から始めたらいいのか分からない状態だった。そこに制度設計の青写真を描いたのは、宇田川と内藤の二人だったと思われる。

宇田川はこの時期、家族と川崎に住んでいた。彼はよく夜に内藤を連れて自宅に帰り、それから二人で家庭裁判所のあるべき姿を議論していた。宇田川は日本酒、酒の飲めない内藤はお茶を飲みながら、貴公子然とした内藤が語る理想を、ほろ酔いの宇田川が目を輝かせて、そうそう、うんうんと聞くことが多かった。長男の潔は会話の内容はまったく覚えていないが、「この二人はいつも楽しそうで仲がいいな」と思っていた。

二　家裁の五性格

新体制になって、宇田川潤四郎には、すぐに取り組まなければならないことがあった。

一月一二日から一四日まで、全国の長官、地裁所長、そして新しい家庭裁判所の所長、事務局長を集めて、会同が行われることになっていた。そこで家裁の活動方針を、示さなければならなかったのである。単純に今までの家事審判所と少年審判所が、合体したというだけではない。まだ誰も描くことができていない「家裁の向かうべき姿」を、理念として示すことが求められた。

一月六日の夜に、宇田川は自宅に事務官の皆川邦彦を連れて帰った。

皆川には筆と紙を準備させて部屋に待たせたまま、宇田川は真っ裸になって風呂場に入ると、たらいに入れた水を、次々と頭からかぶった。宇田川は満州にいた時から、毎日「水行」をする習慣があった。真冬に頭から何度も水をかぶる上司に、皆川も驚かされたであろう。

身体を拭き、和服姿で皆川の待つ部屋に入ってきた宇田川は正座をした。そして、翌週の会同で発表する家庭裁判所の「方針」を、口述し始めたのである。皆川は準備した筆で、宇田川がよどみなく語る言葉を書きとめた。

一夜で作られたというこの文書は「家庭局長説明」として一月一二日に最高裁の会同で発表された。現在も全文が残っている。この中で宇田川は家庭裁判所の方針として「五つの性格」を掲げている。長いのだが重要なので、抜粋して紹介する。趣旨を改変しない範囲で文章を切り、文字などを補った。

——第一は、家庭裁判所の「独立的性格」についてであります。

アメリカ合衆国における家庭裁判所設立の経緯によっても知られる通り、家庭の調整を主たる任務とする家事審判と、少年の保護を使命とする少年審判とは、これを渾然一体の形において行うのが理想であり、それがためにはこれを統合し、かつ、この両者の性格から見て、地方裁判所とは別個の独立した裁判所とすることが適当であるとの理由によるものに外ならないのでありま
す。

――第二は、家庭裁判所の「民主的性格」についてであります。

従来から裁判所といえば、とかく冷厳な役所という感じを一般に与えていることは否定し得ないのでありますが、少なくとも、家庭裁判所については、このような観念は、絶対にこれを取り除き、名実ともに、真に親しみのある国民の裁判所としての実態を国民の前に提示することが必要であります。

――第三は、家庭裁判所の「科学的性格」であります。

アメリカ合衆国においては、つとに家庭裁判所に附属精神病科を設置するなどその科学的運営に考慮が払われているのでありますが、我が国におきましても、家事審判、少年審判であるとを問わず、事件の科学的処理が強力に推進せられなければならないことはもちろんであります。

――第四は、家庭裁判所の「教育的性格」であります。

家庭事件は家事審判、少年審判を通じて、一面事務的性格を持っていることはもちろんでありますが、他面教育的性格を多分に包含するのであります。したがって、少年審判に関与する職員は、自ら真摯な教育者としての自覚を持たなければならないと考えるのであります。

――第五は、家庭裁判所の「社会的性格」であります。

家庭裁判所は、たとえそれがいかほど理想的に構成せられましても、それのみの力によっては、

とうてい所期の成果を収め得ないことはもちろんであります。家事審判の面におきましては、市区町村役場、警察官署、各種の厚生施設などと密接な連絡を保つことが必要であり、少年審判の面においても、検察庁、警察官署をはじめ、都道府県知事、児童相談所、各種の養護施設などと常に緊密な連携を保持することが絶対に必要なのであります。

――これを要するに、家庭裁判所は『独立的』・『民主的』・『科学的』・『教育的』・『社会的』性格を具有しておりますので、これが運用にあたりましては、その性格を十二分に発揮せられんことを切に希望してやまない次第であります。

宇田川のこの文章は「家裁の五性格」と呼ばれた。特に発足から一〇年ほどの間、繰り返し引用され、スタートしたばかりの家庭裁判所の基本理念となった。この「家裁の五性格」を読んでみると、やはり内藤頼博の影響を受けていることがうかがえる。

例えば「民主的性格」の中で、家庭裁判所の建物をできるだけ明るくするよう求めている。内藤が昭和一六年に『法律新報』に記した、アメリカの家裁視察のレポートと同一である。また、「科学的性格」で言及している医師の関与も、内藤が見聞きした内容と重なっており、おそらく二人で何度も話し合った中で形作られていったのであろう。

一方で「教育的性格」については、宇田川自身が後にこう記している。

――わたくしはこの「教育的性格」という言葉を使う時、ソシアル・ケースワークという言葉を使うべきであったが、しかし昭和二四年頃は一般的にはソシアル・ケースワークという言葉があまり普及しておらなかった時代だったので、あえて使わなかったのである。

この言葉は後に「ケースワーク」あるいは「ケースワーク機能」と呼ばれ、家庭裁判所だけでなく、保護観察や少年院でも、指導理念として広く用いられることとなる。社会不調和に陥った者を再調整するため、個性や環境の調査を行うなどして、問題の所在を診断し治療更生の処置をとる一連の方法である。そこには「教育的機能」だけでなく「福祉的機能」も含んでいる。

これまでの裁判所は司法機能のみであり、福祉はもちろん、教育的な役割など担うことはなかった。だが宇田川は「この機能の発揮こそ家庭裁判所の本来の面目である」と考えた。彼はやがて意図的にこの「ケースワーク」という言葉を多用し、全国の家裁に研究と実践を促していくことになる。

「家裁の五性格」は、後の資料を見ると、若手を中心とした裁判官や職員からは、おおむね歓迎して受け止められている。中には宇田川や内藤、三淵嘉子と同じように、戦後の司法の理想をこの家庭裁判所に見いだした者もいた。

一方で、地裁所長や高裁長官ら幹部の中には、宇田川の指導理念に反発する者もいた。

宇田川の考えは、特に少年審判について、刑事裁判的な傾向から離れると受け止められていた。加えて、教育、福祉、科学、心理などの各機関や専門家との協働作業を推進する側面を持っていた。戦前の司法官として中枢にいた者たちからすれば、裁判官は裁判をすることが仕事であって、「裁判所は教育機関、福祉機関ではない」という声があがったのである。

外部との連携にも反対の意見は多く、「なぜ我々が法も知らぬ人間と、一緒に仕事をしなければならないのか」という。この二つの意見は長くくすぶり続け、後に再び議論となる。

もちろん宇田川は、そんな声などまったく気にしない。

長官の三淵忠彦が進歩的だったことに加え、事務次長の五鬼上堅磐もGHQの意向を知るだけに、宇田川の新しい取り組みには賛成だった。そして総務局長には最大の理解者である内藤頼博がいた。

この「家裁の五性格」は、宇田川にとって新しい裁判所を作り上げようという宣誓でもあった。

三　家裁職員第一期生

家庭裁判所は、まだ復帰していない沖縄県を除く、全国の都府県の県庁所在地、そして北海道は札幌、函館、旭川、釧路の全国合わせて四九か所に作られた。

できたばかりの家庭裁判所は、どのような様子だったのだろう。

昭和二四年一月一日の東京家裁のスタートと同時に採用された一期生の職員が、今も存命である。

取材時九一歳の水越玲子は、最高裁に近い千代田区のマンションに一人暮らしをしていた。

彼女は昭和二三年秋に東京家事審判所で採用試験を受け、東京家裁発足の昭和二四年一月から事務官となった。後に松江家裁の次席調査官や東京家裁の総括主任調査官を歴任し、定年まで勤め上げた。

現役時代の写真は、スーツ姿のにこやかな笑顔が多い。ただし、現場を回るため、写真の足元はどれも運動靴であった。戦後長く、調査官として全国の女性職員の先頭を走ってきた経歴は、裁判官の三淵嘉子にも似ている。

九〇歳を超えた現在は、小柄で上品な物腰の老婦人である。

彼女はどのような決意で家庭裁判所へ飛び込んだのだろうか。質問すると、いえいえ、と笑顔で手を振った。

「そんなに、大それた気持ちだったわけではないですよ」

水越はやんわり謙遜した。

「当時、女の人が働くといったら、女中かメイドしかないと思っていました。でも、戦争も終わって、何かきっと女性のためにできる仕事もあるに違いないと思っていたのです」

戦時中、水越は女学校の高等科の学生だった。自宅は今の千代田区平河町にあった。

勤労動員のため、彼女は家から工場に通う毎日で、何の勉強もできなかった。戦争が終わっても、近所の人たちは多くが疎開していた。男性は出征したまま生死不明の人が多い。平河町は都心にもかかわらず、焼け野原と空き家ばかりで、老人や女性ばかりがわずかに生活する、過疎の町だったのである。

水越の父親は、銀座で電気技術などの雑誌を作る「逓試社」という出版社の社長だった。このため水越は疎開することもできず、平河町に住み続けることになった。毎日のように「あそこの主人は戦死した」「あの人は空襲で亡くなった」という会話が交わされていた。水越は「あの頃、死は身近なものでした」と話している。

国会議事堂は自宅の近所だった。議事堂は焼けなかったが、すぐ近くにあった伊藤博文の銅像が空襲で道端に落下し、戦後もしばらく放置されていた。水越は倒れたままの博文公を脇目に毎日歩いていたという。

戦争が終わっても、水越は忙しかった。

学童疎開していた弟たちを迎えに行ったり、年寄りしかいない隣組のために、配給の受け取りや配分を担当したりしていた。戦時中は隣組の防空壕も、彼女が掘っていたほどである。

それでも秋風が吹く頃には、疎開していた人たちが徐々に平河町へ戻ってきた。夕方の焼け跡にはトンボが飛び交った。水越はその姿を見ながら、自分はこれからどうしたらいいのだろうかと、ぼんやり思うようになっていた。

戦争中、水越はその日一日を生きていくことに懸命で、将来のことなど考えたこともなかったという。不意に、まったく予想外に訪れた平和は、初めて彼女にこれからの自分の生き方を自問させることになったのである。

当時新聞などに書かれ、周囲でも話題になっていたのは、「男女平等の社会が来る」という言葉だった。だが水越は、そう言われてもまったく信じなかったという。

「聞いた時に、何言っているのよ、何が平等なのよ。そんな馬鹿なことがあるはずないじゃない、ってそう思ったのよ。それで、本当に平等って言うなら、男しか勉強できなかった法律でもやってみようじゃないって、考えたの」

そして彼女は実際に、日本大学の法学部に入学する。

後の時代によく描かれる「戦後の女性解放の喜び」とは、反応がずいぶん異なる。三淵も戦後になって、かつての差別的待遇を思い出して猛然と司法省に飛び込んだのだが、水越も「ここまで悲惨な目に遭わせておきながら、今さら平等って何よ」と啖呵を切るというか、言いかえれば「もうだまされないわよ」と、ドスの利いたところが共通して、何ともおかしい。

それは抑圧され、自らの能力を押し殺して従順さだけを求められた女性たちに、ある種共通する感情の動きなのかもしれない。

水越は親には相談せず、まったくの独断で大学の入学手続きを取った。入学金はそれまで貯めていた自分の貯金を使った。大学進学、それも法学部など父親に反対されると思ったからである。彼女はしばらくこそこそと通学していたが、やがて学費値上げの通知が自宅に届き、親にばれてしまう。だが、父親は怒らなかった。「何も隠して行く必要はない」と学費も出してくれた。水越はほっとしてうれしかった反面、「女のくせに大学なんてすまないことだ」と感じていたという。

昭和二三年の秋のことだった。

水越は自宅で新聞を読んでいて「家庭裁判所」という見出しに気づいた。彼女の記憶によると、そこには華々しく「新しく女性を守る裁判所が誕生」と書かれていたという。記事の中には、家事調停には「調停委員」という民間人が参加すると記されていた。

――この調停委員というものに私もなれるかしら。

水越はそう思った。自分が学んでいる法律の知識を、生かすことができるのではないかと考えたのである。しかも、東京家裁なら平河町の自宅から、歩いて通うことができるはずだ。

彼女はさっそく霞が関の東京地方裁判所を一人で訪ねた。出てきたのは、若い地裁の総務課長と、家裁準備室の担当者という髪の薄い、ぎょろ目の中年男性だった。

地裁の総務課長は、彼女に「調停委員は、社会経験を積んだ人から選ばれるので、大学生には無理だ」と説明した。

がっかりした水越に、それまで黙っていたもう一人の怖そうな男性が口を開いた。予想外に穏やかで丁寧な口調だった。

「ちょうどもうじき、東京家庭裁判所の事務官の採用試験があります。男女不問です。受験してはいかがですか」

この人がね、と水越はふふっと笑って言葉を継いだ。

「後から分かったのだけど、後の事務局長の亀田松太郎さんだったのよ」

水越が驚いたのは、裁判所を出る時のことだった。亀田は総務課長を連れて、一緒に彼女を裁判所の正門まで見送り、深々と頭を下げたのだという。

「亀田さんは二〇歳すぎの生意気な娘に、とっても優しかったの。それで、私、すっかりいい気分になって、受験しようと思ったのね」

家庭裁判所の設立準備を進めていた亀田は、家裁に若い女性の力が必要になると考えていたはずだ。大学で法律を学んだ女性はまだごく少なく、彼は水越に家裁に来てほしいと思ったのだろう。

水越は学生のまま、秋に試験を受けた。

最終面接では面接官から「あなたはまだ若いから、『雇』ではいけませんか」と質問を受けた。

「雇」とは、お茶くみや掃除など雑用を担う一般職員のことである。

水越には裁判所の職種の違いも何も分からなかった。ただ、「やとい」という言葉のニュアンスがどことなく封建的に感じて、いやだと思った。彼女は思ったまま、こう言った。

「事務官じゃないと、いやです」

面接官の一人として亀田も座っていた。亀田は水越の返事に、かすかに笑ったように見えた。

数日後、事務官としての採用通知が届いた。勤務は翌年の昭和二四年一月。つまり、家庭裁判所発足と同時であった。

水越は同じ頃、後に公務員になる男性と結婚していた。つまり彼女は、まだ大学生のまま妻になり、さらに家裁事務官になるという三つの肩書きを持つことになった。当時は通信制や夜間部の学生もいて、在学したまま裁判所の職員になるケースは珍しくなかったという。

水越は東京家裁の家事部に配属された。

職場は東京弁護士会の講堂である。彼女によると発足直後の家庭裁判所は、毎日が大騒ぎであったという。

「いきなり審判の現場に放り出されたわけです。もう、どうしていいか分からないでしょう。墨の入った硯《すずり》を抱えて、裁判官の後ろを毎日ついて歩くような印象でした。職場は弁護士会の広間を間仕切りしているだけです」

部屋は、審判廷二つ、事件受付、相談係、事務係に分かれていた。分かれていたと言っても、ついたてで仕切っただけだ。机もテーブルも弁護士会から余ったものを借りていた。講堂の右側には応接室があって、そこが裁判官の部屋だった。

調停も審判も、離縁や子の認知など深刻な内容ばかりである。しかし隣の声は筒抜けになる。時には当事者どうしの怒鳴り合いになり、片方が大声で泣き出すありさまだった。しかも家庭裁判所ができたことが新聞やラジオで宣伝され、訪ねてくる人は日に日に増えていった。入り口には次々と人が列を作っている。

――これは、大変なところに来ちゃったわ。

水越はそう思ったという。

できたばかりの家庭裁判所という組織は、彼女の目には封建的な人々と進歩的な人々が混在する場所に映ったという。

家事部と少年部を合わせた東京家裁の職員数は、裁判官を含めて発足時七七名であった。その中には水越と近い一〇代から二〇代の若者たちが多くいた。大卒で入った職員はごく一部で、中卒や高卒の少年少女も多かった。彼らは「雇」「給仕」として働いていた。

昭和二六（一九五一）年に高卒で職員になった後藤卓也は、「雇」の見習いであった。当時の裁判所の様子をこう証言する。

「八時四五分が勤務開始時間ですが、雇や見習いは一時間前に登庁、執務室の床にモップをかけて掃除します。その後お茶入れなど、課長や裁判官が登庁するまでに、万端整えなければなりません。執務時間に入ると空咳もはばかる静けさで、トイレに立つ時も『失礼します』と一礼しないといけませんでした」

戦前の封建的な裁判所の空気を引きずっていた。水越も年配の書記や裁判官の中には、横柄な振舞いを続けた者もいると話す。

「冬は毎朝、石炭をバケツに入れて、各部屋に運ぶのが仕事です。これは男女問わず、職員はみんな一緒に協力してやっていました。ところが、年配の人はふんぞり返って手伝いもしないのです。石炭の運び込みは手も服も真っ黒になるのです。私も真っ黒になったのに、手伝わないなんて、まあなんてひどいって思いました」

若い職員を「おい、こら」と呼んだり、個人の買い物を命じる人も少なくなかった。水越の上司も仕事の指導をまったく行ってくれなかったという。「女なんて、どうせすぐに辞めるんでしょう」という態度を露骨に示された。

しかし、新任の裁判官たちが配属されると、家庭裁判所の平均年齢はますます若くなっていった。若い裁判官は多くが職員にも公平に接し、中には一〇代の職員のために、法律の勉強会を開いてくれる人もいた。彼らは、いわば戦後の自由な風を家裁に運んできた存在だったのである。

「若い裁判官の皆さんは、どなたも魅力的でさっそうとしていました。職員や給仕さんとも仲良くしていました。当時はまだ家庭裁判所も地裁や高裁と比べると居候のような暮らしで、吹けば飛ぶような組織だったから、若い人たちの間に、自然と団結心が生まれたのです」

水越や後藤のように戦後採用された若い職員と、若い裁判官たちは、徐々に家庭裁判所の中で増えていき、封建的な空気を押しのけていった。

ところで、水越に宇田川潤四郎の「家裁の五性格」について記憶にあるか訊いてみた。彼女はやや考えてから、こう答えた。

「紀尾井町で読んだと思います。確か民主的、社会的、教育的とかいうものでしょう」

当時は司法研修所が千代田区紀尾井町にあった。彼女は事務官に採用されてしばらく後、自宅からバスでここに通い、研修を受けていた。そこでおそらく配布されたのだという。それまで自分が何をやっているかも分からず、あたふたとすごしていた職場が、こうした大きな理念に基づいているということを、初めて知ったという。

もっとも水越が印象深いのは、文章の内容よりも宇田川本人だった。

研修所に講師として来た宇田川はここでもまた「宇田川節」の熱弁をふるった。事務官たちに「諸君！　家庭裁判所の未来は諸君にかかっておるぞ」と激励したのである。

「挨拶の内容はすっかり忘れましたが、宇田川さんは、まあ元気な方で、すっかりこちらもやる気になったことを覚えています」

水越は書記官を経て、昭和三一（一九五六）年からは家事部の調査官となった。女性調査官の草分けとして、たびたびテレビや新聞に取り上げられる存在となる。

四　「高級官吏」調査官を求む

最高裁家庭局が引っ越した部屋は、屋根裏のせいか、すきま風がひどかった。天井は低く、小学校の教室程度の広さで区切られていた。窓ガラスはところどころ割れたままで、新聞紙を窓枠に貼り付けてしのいでいた。

反対に、夏は天井の熱が室内にこもって、うだるような暑さだった。良好とは言えない環境だが、初代の家庭局メンバーは、当時のことを座談会などでそれぞれこう語っている。

「本当に差別なしに、何でも喋りました」（市川四郎）

「和気あいあいどころじゃなくて、ケタ外れに自由な空気があったんです。みんな勝手にわいわい議論して。ぼくは、宇田川さんなんかを相手にして、本当に好き放題の議論をしていました」（柏木千秋）

「事務官も雇もみんな気分としては対等でしたね」（三淵嘉子）

「非常になごやかな家庭的ないい職場だったんです。それでみんな若いのも自分の言いたいことをどんどん言って、よく協力してくれました」（皆川邦彦）

彼らは一致して、家庭局が自由な空気だったと回想している。

そもそも局長の宇田川潤四郎が、多様な議論を歓迎する性格だった。

宇田川は裁判官に限らず、事務官でも新しい取り組みや改善点を考えつくことを喜んだ。このため職員たちは競うように、新しい仕事をどう進めるか、アイデアを出し合っている。

もっとも、宇田川にも苦手があった。それは法律論だった。大きな理念や制度設計には身を乗り出すが、法律や規則を決める会議になると、すぐに居眠りを始めてしまう。若手の課長や事務官が夢中になって議論する横で、本人はいびきをかくことも多かった。

第一課長の市川四郎は、どちらかというと脱線しがちな宇田川をサポートしていく役回りとなった。優しい市川は、会議中の宇田川の居眠りを、「局長の妙技」と表現している。

市川も家庭局の文字通り家庭的な雰囲気を大切にしていた。時々職場に貴重だったウイスキーを差し入れして、夜にはスルメやコロッケを肴に、家庭局のメンバーで机を囲むことがあった。最上階なので、火を使って煙が出ても階下には露見しない。そのため、家庭局の中で七輪を使って干物などを焼いていた。

事務官の八島俊夫は、そんな時三淵嘉子が、みんなの前で歌を唄ったことを回想している。レパートリーは当時流行していた「リンゴの歌」や「コロッケの歌」、そして、戦前にエノケンこと榎本健一と二村定一が唄って流行した「モン・パパ」という歌であった。「モン・パパ」は子どもが強いママと弱いパパを対比した、本来はユーモラスな内容である。

三淵が唄ったこの歌については、市川も書き残している。

――いくらか哀調を帯びた三淵さんの声で唄われると、主人公のパパがいかにも哀れに聞こえて、特に一番最後の〝パパの一番大きなものは靴下の破れ穴〟というところになると、わたくしなどはその都度シンミリした気持ちで、まぶたの裏が熱くなったのを覚えていていつまでも忘れることができない。

市川は、戦争で夫と死別した三淵の心情を、思いやっていたのである。

八島も、三淵が幼い一人息子の芳武を同居している弟家族に預け、毎日大きな風呂敷包みを抱えて通勤する姿を見ていた。

――当時、小さな子どもさんを抱えての生活は大変だったようですが、そんな素振りは、言葉にも態度にも何一つ表されることなく、あのかわいいえくぼのある丸ぽちゃの顔に、いつも微笑みをたたえながらよく動いておられました。

二人とも、三淵への思いやりにあふれた文章で、当時の家庭局の雰囲気をうかがわせる。

家庭局長となった宇田川が取り組んだのは、少年部の調査官（当時の呼称は「少年保護司」）の確保であった。

調査官は家庭裁判所で扱う事件について、当事者や家族、原因や背景などについて調査を行う。本人や学校など関係者と面会を行って、事件に至る原因と改善策を検討する役割を担っている。

少年法改正で一番大きな変化は、少年事件の全件家裁送致、つまり事件はすべて、家庭裁判所に送られてくることだった。特に少年の身柄が大量に家裁に来ることになる。裁判官だけですべてを処理することはできない。それだけに、調査官の役割は重要だった。

最高裁は少年審判所の少年保護司を確保しろという通達を出したが、法務庁も保護観察所を設立したため、各地で職員の取り合いが起きた。しかし、そもそも少年審判所がなかった大多数の県では、調査官をやる人材がいなかったのである。

そこで宇田川は、新聞やラジオで求人募集を行った。

新聞には「高級官吏を採用する」、ラジオには「上席少年保護司を求めております。五〇歳前後の大学出の方で資格に応じて高給を呈します」という派手な募集の言葉を並べたのである。やりすぎのようだが、自身はまじめであった。宇田川は、特に全国の調査官の指導者を特別職のような高い地位にしたいと考えていた。

特別職という希望は叶えられなかったが、求人募集は、意外な効果をもたらした。

当時はまだ、戦前や戦中まで社会の中心にいながら、戦後の社会や経済の変動で、職を去った人が少なくなかった。彼らは三〇代から五〇代と年齢もさまざまであった。むろん生活のための就職という経済的な事情も大きかっただろう。しかし、新聞やラジオを通じて家庭裁判所の仕事を知った人々の中には、少年を救う仕事に、新しい時代のやりがいを感じ取った者もいたのである。

昭和二四年から二六年にかけて、全国の家庭裁判所には募集に応じて大学教授、元校長、銀行支店長、上場企業の課長などユニークな人材が続々と集まってきた。

特に宇田川が意図的に採用していたのは、旧満州から引き揚げてきた人材だった。

宇田川自身も戦時中は、満州で若い訓練生の指導を行っていた。満州に渡った人たちは、理想を抱き開拓心が豊富だというのが、宇田川の考えであった。そして引き揚げてきた人々は多くが職を失い、仕事を求めている。

戦後しばらくは、家庭裁判所の中に「満州閥」ができるほど旧満州出身の職員は一大勢力となった。福岡家裁には、外地の市長経験者もいたという。彼らは、これまでの裁判所職員とは発想も経験もまったく異なり、全国の家裁に新風を吹き込むことになった。

昭和二五（一九五〇）年五月からは名称が「少年保護司」から「調査官」に改められる。翌年四月からは、少年部に加えて家事部にも調査官制度ができて、いずれも拡充されていった。

各地の家庭裁判所への指導も、急がなければならなかった。

それまで、準備室時代に内藤文質が「家事審判の手引き書」を、皆川邦彦が「少年保護事件取扱の手引」という小冊子を造り、発足直前の全国の家庭裁判所に送った。皆川は「それが発足までの唯一の参考書だった」と記している。

このため家庭裁判所がスタートした翌月から、最高裁家庭局の局長の宇田川に加えて、課長や事務官が、少年事件をどのように処理すべきか、手分けをして全国の家裁へ説明に回っている。

ある地方の家庭裁判所の職員は、官報に掲載された新少年法を、みんなで書き写すことから始めたという。特に少年審判は裁判所にとって初めてであり、多くの家裁では訪ねてきた家庭局の職員を取り囲むようにして次々と質問をしている。ある家裁では所長が「もうどうしていいか分からないんだ、お待ちしていました」と出迎えてくれたという。大阪では家裁所長の稲田得三が自ら説明会に出席して、若い森田宗一の説明をノートに熱心に書き込み、説明役の森田が恐縮するほど激励してくれた。一方で「家裁などなくしてしまえ」と鼻息荒く公言する幹部もいた。地裁の所長がこうした主張をしていたある家庭裁判所では、家庭局が出向いて説明会を開いても、裁判官は一人も出席しなかったという。講師役で来ていた事務官の柏木千秋は、これに激怒した。「オレはこんなところで講義はしない」と、教壇から降りて生徒席に座ってしまった。

慌てて一緒にいた皆川が、講師役を務めたこともあったという。

昭和二四年の一〇月から、宇田川は『ケース研究』という雑誌を創刊した。編集作業は事務官の皆川が中心となった。

皆川が後に語ったところでは、発端は創刊号の半年前、家庭裁判所が発足してすぐのことであった。審判などをどう進めていくのか、東京家裁の家事部と少年部が毎月研究会を開いていた。皆川は家庭局から派遣されて、その司会役をしている。ここでは実際の審判や調停を題材にして、どのように対応することが望ましいか、座談会の形式で話し合っていた。もちろん正解はなく、個人によってもアプローチは異なる。これも調停や審判が非公開のため、ほかの人たちがどのように取り組んでいるのかを、学ぶことが目的だった。

皆川はここでの参加者の発言を、一人でメモにまとめていた。彼は自宅にガリ版の器具を一式持っていた。独学でガリ版筆工の技術を学び、自宅にあった鉄筆や油砥石を使って、準備室時代から文書を自分の家で印刷していたのだ。自分でメモをした研究会の議事録も、皆川は自宅で印刷物にして、全国の家庭裁判所に送付した。誰かに命じられたわけではなかった。すべて自宅での自主的な作業である。

この資料が評判を呼んだ。

皆川は調停委員や家庭裁判所に働く職員たちが、法律の解説書ばかりを読んでもダメだと思っていたという。宇田川も事件の処理方法を知ってもらうには、具体的な事例を中心にすべきだと考えていた。そこで座談会形式の議論をそのまま紹介する、年数回刊行の雑誌を創刊することにしたのである。

さすがにガリ版を続けるわけにもいかず、創刊号からは印刷所に依頼した。取り上げたケースは「ヒロポンに耽溺する少年」「家庭裁判所からみた国際結婚」など時代の影響も濃い。家事、少年ともに幅広く、座談会には市川、森田、皆川、三淵と最高裁家庭局の面々も多く参加した。現場の職員や調停委員には、この雑誌が数少ない実務の参考書になった。ある調停委員は「これしか勉強するところがなかったのだ」と回想している。

初期の『ケース研究』は、原稿を書くのも編集も、レイアウトも皆川が行った。実務的で柔らかい内容をめざしたため、初期は連載小説まで載っている。さらにスペースが余れば、皆川が自分で身辺雑記のような短文を書いたり、時には自分でカットの絵まで描いたりした。

『ケース研究』の事務局となる「家庭事件研究会」は、昭和二六年に最高裁家庭局から東京家裁に移転し、編集作業は東京家裁に任せることになった。しかし家庭局の面々は、その後もたびたび寄稿したり、家庭裁判所の座談会に参加したりして、密接な関係が続く。

雑誌は全国の現場に影響を与えた。各地の家庭裁判所で裁判官や調停委員らによる「自分たちのケース研究」が始まったのである。

実際の事例を持ちよって、自分の審判や調停の進め方が妥当だったのかどうか、もっと適切な方法があったのではないか、話し合う場があちこちで作られるようになっていった。雑誌の存在が「オレたちも仲間で座談会をやってみよう」と後押ししたのである。

この「自分たちのケース研究」はさらに広がっていく。

調査官のケース研究、複数の家庭裁判所による合同ケース研究も開かれ、その一部は雑誌に掲載された。さらには、保護観察官や保護司、鑑別所、児童相談所の職員、大学の研究者が参加する座談会も開かれた。当時の家裁職員は「各地でケース研究が流行のようになっていった」と証言する。

従来の刑事裁判や民事裁判は、双方の主張も専門家の意見も、基本的には書面で提出させ、裁判官だけが部屋に籠もって判決を考えていた。だが家庭裁判所は、これまでの裁判所とは大きく異なる。裁判官も調査官も調停委員も、社会とともに少年事件や家庭問題をどう解決すべきか、関係機関も協力し合って、さらに幅広く議論する輪ができていったのである。

これこそ、宇田川の望んだ新しい裁判所の姿であった。

彼は家庭裁判所を従来と違う、開放的な裁判所にしたかった。家庭の問題が裁判所内部だけにとどまっては、問題の解決は図れない。多くの外部機関や専門家から意見を聞き、積極的に連携していくことで、より良い解決策を導くことができる。さらにその成果は、家裁だけで抱えず、関係機関にフィードバックすべきだと考えていたのである。

最高裁家庭局が発足した直後から、交流を深めてきた研究者の一人に、戦後を代表する刑法学者の団藤重光がいる。

団藤はたびたび家庭局を訪問し、宇田川や事務官（局付）の森田と新しい少年審判の進め方について議論をしている。宇田川も、外部の人が最高裁を訪ねてきて議論することを好んでいた。森田は学生時代に団藤の講義を受講しており、先生と生徒の関係だった。団藤はその後も、宇田川や森田に勧められて、調査官や補導委託先の人たちとも交流するようになる。

局長の宇田川がオープンな姿勢であるため、自然、全国の家庭裁判所も裁判官や調査官がどんどん外へ出て、外部との交流を深めるようになっていく。

学者との研究会や、警察との講習会、中学校との連絡協議会などがいくつも作られ、全国で積極的に参加するようになっていった。

五　村岡花子と対談

昭和二四年三月末に、建設が進められていた東京家裁の建物ができあがった。

場所は霞が関の一角、現在の人事院が入っている合同庁舎の場所にあたる。戦時中までは海軍省の軍令部長官邸であったが、五月の空襲で全焼し、戦後廃墟になっていた。敷地の中には海軍の高いアンテナだけが残っていた。ここに造られた建物が、全国でも最初の家庭裁判所単独の庁舎となった。

建物の広さはおよそ一〇〇〇坪。正面の入り口には車寄せとタイル張りの噴水を造っている。クリーム色の優しい外観の木造二階建てで、中心部のみ三階相当の高さの塔があった。中に入ると正方形に近い側面に沿って、小部屋がずらりと並ぶ。入り口近くには一般市民の相談室が設けられ、一階には主に調停室が、二階には判事室と事務局が設けられた。中心部分には広い中庭があり、花壇がある。部屋にはガラスを多く使って陽光が入るようになっている。

裁判所と言えば、戦前は暗く重々しかった。しかし新庁舎は人を寄せ付けない従来の裁判所の雰囲気を、覆すものであった。これで家事部は、ようやく弁護士会の講堂から退去することができた。

ただ、少年部は、ここに入ることができなかった。この建物はもともと東京家事審判所の庁舎として計画されたため、少年部が入るには、あまりに手狭だったのである。少年部は翌年、道路を挟んだ向かい側、今の日比谷公園の噴水がある場所に開庁するまで、地裁の一部に間借りを続けた。

東京家裁の新庁舎開庁式は四月一六日。これに合わせて宇田川潤四郎は、全国で「家庭裁判所創設記念週間」を企画した。

宣伝活動は宇田川がもっとも得意とするところである。

彼はさっそく最高裁家庭局を事務局として「家庭裁判普及会」を作り、各界から次々と人を集めてきた。

最高裁からは事務次長の五鬼上堅磐、総務局長の内藤頼博、法務庁からは少年矯正局長の斎藤三郎。そして京都少年審判所で一緒にＢＢＳ活動を始めた多摩少年院長の徳武義など、その顔ぶれは、宇田川とつながりが深く、家庭裁判所の発足に協力した人々である。

さらに作家の坪田譲治、参議院議員の宮城タマヨにも参加してもらった。

最高裁家庭局からは三淵嘉子が事務局に就任している。そして昭和一三年に一緒に司法科試験に合格した、弁護士の久米愛も委員に加わっている。

三淵の息子の芳武によると、久米は戦後も三淵と仲が良く、芳武と久米の娘は年が近いこともあって、家族ぐるみで付き合いがあったという。久米は法廷での弁舌は緻密で鋭いことに定評があったが、普段は優しい人柄だった。おそらく三淵が委員の就任を依頼したのだろう。

家庭裁判所の標語は「家庭に光を　少年に愛を」と決まった。

宇田川はこの標語をとても気に入った。

ポスターも一〇万枚作られた。母親役が洋装の水谷八重子で、少年と向き合って家庭裁判所の案内文書を読んでいる。キャッチコピーは〝まァこれで安心！　あなたもわたしも…〟で、一番下には「家庭裁判普及会」などと書かれている。

宇田川はこのポスターのコピーにも「家庭に光を　少年に愛を」を入れようとしたが、どういうわけか、ＧＨＱから文言の変更を求められたという。

水谷にポスターのモデルを依頼したのは、内藤頼博であった。

芸能界にも顔の広い内藤は、知り合いの新劇の関係者に頼んで、カメラマンとともに劇場の楽屋に直談判に行っている。楽屋を直接訪ねてきた最高裁幹部に、水谷はその場でモデルを了承してくれたという。同じ部屋には子役の少年もいたため、そこで二人の構図を即興で組み立ててカメラマンが撮影し、これを絵画に仕上げたのが、このポスターだった。

昭和二四年当時、宣伝に一番効果的なのは、最先端のメディアであるラジオであった。

家庭局第一課長の市川四郎と第三課長の内藤文質は、何とかしてＮＨＫに家庭裁判所を紹介してもらいたいと考えた。ただ、二人にはどうしたらラジオで取り上げてもらえるのか、そしてＰＲに協力してくれるのか、見当がつかなかった。

ところが、ある日耳寄りな情報をつかんだ。

ＮＨＫの人気アナウンサー藤倉修一が、銀座の三原橋にある料理店によく来るというのだ。

藤倉は当時、街中で市民に直接マイクを向ける「街頭にて」のインタビューや、クイズ番組の司会者として知られていた。後に第一回紅白歌合戦の司会も務めている。

――藤倉アナウンサーに直談判しよう。

市川と内藤はその料理店に向かった。

店は会員制だったため、二人は会員になって、隅っこで藤倉が来るのを待った。そこに、本当に藤倉が一人でやってきた。

二人はいそいそと杯を持って行き、最高裁の課長だと名乗って頭を下げた。

驚いたのは藤倉であろう。市川はまじめな顔でこう頼んでいる。

「家庭裁判所を、ラジオで紹介してもらえないでしょうか」

四月一九日の午後一時。

ＮＨＫラジオ「婦人の時間」で家庭裁判所が特集された。司会は、翻訳家で児童文学者の村岡花子。

後のNHK連続テレビ小説「花子とアン」のモデルである。ゲストは、最高裁家庭局長の宇田川潤四郎。二人のやりとりが最高裁の記録に残っている。内容を一部抜粋し、掛け合いの言葉を補いながら紹介しよう。

村岡「皆さんごきげんよう。今日の『心の窓から』は、宇田川さんにお願いしまして、私どもにたいへん関係ある家庭裁判所のことを、いろいろ伺って、皆様にもご一緒に聞いていただこうと思います」

宇田川「どうぞよろしく」

村岡「昨日から一週間、家庭裁判所創設記念週間が催されているようですが、世間ではまだ家庭裁判所という新しい役所がどんな役所か、あまりご存じない方が多いようです。今日はごく分かりやすく、家庭裁判所のお仕事の内容を、ご説明願えませんでしょうか」

宇田川「人によっては家庭裁判所は、子どもを刑務所に入れる裁判をするところ、くらいに考えておる人があるかも知れませんが、家庭裁判所は、決して少年を刑務所に入れるような裁判は行っておりません」

村岡「はい」

宇田川「少年を放っておけば犯罪を犯すような恐れのある場合には、法務庁関係の少年院、厚生省関係の教護院、または養護施設というような、少年の収容所に入れたり、また民間の委嘱少年保護司に監督していただいて、少年を真人間に立ち返らせて、犯罪を犯すことがないよう保護しております」
村岡「そうでございますか」
宇田川「要するに家庭裁判所は、愛の手で少年を救い、家庭を守る愛の裁判所です。国民の裁判所です」
村岡「そうでございますね。愛の裁判所。国民の裁判所、確かに家庭裁判所は愛の裁判所、国民の裁判所ですね」

二人で大まじめに「愛の裁判所」「愛の裁判所」と繰り返しているところが、何ともおかしい。実は、村岡は家庭裁判所の調停委員も務めており、家裁には詳しい。ただマイクを通じたやりとりには少しとぼけた味もあって、平易な言葉を選びつつ、いつもの熱弁をふるう宇田川との掛け合いには、ユーモアがにじんでいる。

ほかにも村岡は、家庭裁判所への申し立てに費用が「どのくらいかかるものか」と質問している。これも宇田川は大まじめに答えている。

宇田川「現在、このインフレ時代です。しかし、調停の申し立て手数料が三〇円、審判の申し立て手数料は一五円という安い費用です」
村岡「まったくなごやかで、そうしてまたお安いのですね」
宇田川「そういうわけです」

まるでテレビショッピングのようである。

この対談ではほかにも、女性職員の採用についても質問している。

村岡「家庭裁判所の少年審判部の方では、婦人の裁判官や婦人の少年保護司（調査官）などを、大いに採用されてもいいのではないでしょうか」

宇田川「いや、その通りです。私は家庭裁判所の職員は、その二割や三割は女性であっていいと思います。現に多数の女性の少年保護司が採用されておりますし、家庭裁判所こそ女性のもっとも適した職場であり、女性の活躍のひのき舞台ではないかとさえ思っております」

職員の女性比率を「二割から三割」にしたいという発言は、今では当たり前だが、昭和二四年の時点では画期的だった。

この言葉はうわべだけではない。宇田川は八年という長期にわたって最高裁家庭局長を務めることになるが、この間、積極的に女性の調査官や事務官を採用していく。

六　戦争被害者のために

東京家裁がある霞が関は、日比谷公園を挟んでＧＨＱの本部が置かれた第一生命ビルにもほど近い。接収された多くの建物には星条旗が掲げられ、アメリカ製の軍用車が行き交った。歩道には大柄のアメリカ兵が歩く姿があちこちで見られた。特に日比谷公園は、日本人よりも外国人の方が多いほどだったという。公園のベンチには行き場のない浮浪者が横たわり、「洋パン」と呼ばれた売春婦が建物の影に立った。

昭和二四年になっても、海外からの日本人の引き揚げは続いている。

敗戦時、海外に在留していた日本人は、旧陸海軍に一般人を加えると、六〇〇万人を超える。これだけの人間を国内に戻すのは一大事業だった。途中で引揚船の事故や病気などで、命を落とす者も少なくなかった。昭和二一年までに五〇〇万人が引き揚げたが、昭和二四年の時点でも海外から戻ってきた日本人は、GHQ発表の数字で九万七〇〇〇人に上っている。

新しい庁舎が完成した東京家裁は、日比谷公園に向いた玄関脇に「家事相談室」を設けた。ここで市民からの相談を無料で受け付けている。訪れる人が多いため、相談室は廊下を挟んだ斜め向かいにもう一部屋作られている。

東京家裁一期生の水越玲子は、新しい家庭裁判所の建物が完成してすぐ、この相談室に回された。相談室は職員の交代制だった。

「まだ大学を出て間もない二〇歳そこその私が、相談に乗るんですよ。もっともらしい顔をして対応しましたけれど、心の中はドキドキです」

毎朝出勤すると、車止めのある建物の玄関から相談室まで、すでに多くの人たちが列を作っていた。ほとんどが女性だったという。「記念週間」で広報が行われたせいもあって、できたばかりの東京家裁の建物は、連日混雑した。

水越の記憶に残る相談の多くは、「夫が戦地から戻ってこない」という内容だった。召集されたままで生死が不明のケースや、ソ連に抑留されたまま、あるいは南方などで戦犯容疑をかけられ、勾留されたまま連絡が取れない者が少なくなかった。

「主人の家に自分だけ一人残されて、どうしたらいいか分からないとか、別の男性と再婚したいのに夫と連絡の取りようもない、といった相談がたくさんありました。また、親からも戦争に出た長男が戻らないが、相続はどうすればいいいか、という相談もありました。生きているか死亡したのかが分からないままでは、家庭裁判所としては対応が取れません。一緒にただ、うなづいて話を聞くしかできませんでした。かわいそうな境遇に、もらい泣きすることもありました」

戦後の混乱で、戦死公報がなかなか届かない。さらに軍属や民間人は生死不明のまま、消息が分からない者が多かった。

行方不明の状態が一定期間続いた場合、家庭裁判所が「失踪宣告」を行うことで、その人を法律上死亡したとみなすことが可能になる。保険金の受け取りや、遺産の相続などを行うためにも、この手続きが必要であった。

昭和三四（一九五九）年に政府は「未帰還者に関する特別措置法」を制定し、未帰還者の「戦時死亡宣告」を請求する権限を、厚生大臣に与えている。この制度ができてからは都道府県に届け出れば、厚生大臣に代わって家庭裁判所に申立てを行う仕組みになっていた。

それまでは行方不明の場合、家族などが個別に家裁に「失踪宣告」の申立てを行うことが必要だった。

請求を受けた家庭裁判所は、本当に生死が不明か、最後に音信があったのはいつかを調査し、立ち寄り先として考えられる場所にも問い合わせなどを行う。

戦争や震災が理由の場合は「危難失踪」と呼ばれる。当時は生死不明となってから、三年の期間が必要だった。しかも起算点は昭和二〇年八月一五日以降とされたため、申立ての多くは昭和二三年夏以降に集中した。また、戦後もしばらくは生きている便りが届き、その後音信不通になった場合は、さらに時間がかかる。生きて帰ってくる可能性もあるため、家族が手続きをためらうケースも多かったという。

実際に死亡したものとあきらめて離縁、相続などを進めてしまい、本人が外地から戻ってきてそれがまた、トラブルを生むこともあった。

全国の家庭裁判所は、発足からしばらくの間、敷地内の掲示板に失踪宣告の公示催告の張り紙（申し立てがあったことを知らせ、本人の生死を知る者がいれば申し出るよう求める書類）が、大量に張り出されていた。

当時の相談の中には、急な出征で婚約者と形だけの結婚式を行ったものの、婚姻届を出せないまま〝夫〟が戦死した場合もある。また、夫が戦死して残された家族が相続でもめる事例や、夫のいない婚家から離縁する際に、子どもを残すかどうかで義父母と争いになり、家庭裁判所を訪れる人も多かった。さらに戦争で死亡した親の親族が、残された子を自分の養子とする申し立ても相次いでいる。

このほかにも、戸籍が不明の戦災孤児のために、本籍を作る「就籍」も必要だった。幼い子どもの場合、自分の本籍が分からないことも少なくなかった。特に子どもを引き受けていた養護施設からの申し立てが相次いでいる。また、昭和二七（一九五二）年にはサンフランシスコ平和条約が発効され、日本は樺太や千島の主権を放棄することになった。これらの島々に住んでいた人たちは本籍を失ったのである。こうした人たちにも「就籍」は必要であった。

家庭裁判所が発足した昭和二四年一月から四月末までの統計がある。

わずか四か月の間だが「養子の許可」は二万五九三二件。「失踪宣告とその取り消し」が四九五四件、「就籍許可」と「戸籍の訂正」が合わせて三九〇九件に上っている。「就籍許可」は昭和二八（一九五三）年のピーク時には年間一万六〇〇〇件近くに達している。発足直後の家庭裁判所は、いわば戦争の後処理に忙殺されていたのである。

それでも水越は、「戦争で傷ついた人々を救うことには、大きなやりがいがあった」と話す。

水越だけではない。彼女によると職員たちは積極的であり、申立てを行う人たちに対して、できる限り親切に手を差し伸べていたという。

特に戦災孤児の就籍では、孤児から聞き取り調査を行い、本籍地が存在する可能性のある自治体に、幅広く照会を行った。何とかして肉親を探し出そうとしたのである。親戚との養子縁組も面接調査をして、子ども本人の意向や、親となる大人の経済状態を調べている。そうして養子縁組が無事に完了した時、あるいは夫が戦死した女性が不仲となった婚家から離縁できた時、申立人が見せる安堵の表情は、職員たちにも戦後の再出発を後押ししている実感があったのだろう。

当時は、戦災で家のない職員も少なくなかった。新しくできた東京家裁の中には宿直室があり、そこで寝泊まりする職員が何人もいた。それは「当直」ならぬ「常直」と命名される。

家庭裁判所の中庭には、来庁者に楽しんでもらおうと花が植えられていたが、いつの間に誰が植えたのか、ホウレンソウやネギもすくすくと伸びてきた。さらにニワトリまで放し飼いにされていた。「常直」の人たちは、中庭で洗濯物を干すという、霞が関らしからぬのどかな光景が見られた。

三月初めには東京家裁に、全司法労働組合の支部が作られた。当時は職員たちの組合に対する関心は低く、家裁事務局長になる亀田松太郎が組合の創立準備委員長になっている。亀田は明らかに管理職なのだが、彼は新憲法に従って、職場には組合がなければならないと考えた。事務局長の亀田が若い職員に「組合に入ろう」と呼びかけている。

新しい庁舎ができたことで、若い職員たちはさまざまなサークルを作り、勤務を終えてから家庭裁判所の部屋を使って、課外活動をするようになった。コーラス「やまびこ合唱団」、演劇サークル「さくらんぼ」、卓球部、同人雑誌など。

家庭裁判所の業務が終わった後の建物では、職員の歌声やピンポンの音が響くようになった。

七　戦災孤児を救う

家庭裁判所の少年部も、発足から慌ただしい日々が続いていた。

最初に直面したのは戦災孤児、とりわけ浮浪児の問題であった。昭和二四年に東京家裁の上席少年保護司（上席調査官）になった日野照彦は回想録で「戦災孤児はすくうほどいた時代である。五、六〇人はいたか、トラックいっぱいの補導された少年を、毎日、その夜どこで泊まらせ食べさせるかが当面の問題であった」と記している。

昭和二四年は少年による刑法犯の検挙者数が一一万人を超えた。このうち八万人が盗みである。浮浪児がすべて犯罪者ではない。しかし警視庁は「浄化作戦」と称して、定期的に刈り込みと呼ばれる浮浪者の一斉摘発を行った。上野の地下道では、寝静まった午前二時から午前四時の間に、トラックを準備して地下道を閉鎖し、網で魚を生け捕りにするように、身柄を拘束した。

日野の回想によると、警視庁は浮浪児を家庭裁判所に続々と送致してきた。東京家裁にもトラックの荷台に詰め込まれた少年たちが送られてきた。喫茶室を改造しただけの東京家裁少年部の処理能力を超えていた。

家庭裁判所で扱うのは、一四歳以上の少年である。それより小さい子どもは児童相談所へ送られる。ところが当時、警察の中には「困ったら家裁へ連れて行く」というところもあったという。当時を知る職員によると、拘束された少年の中には、自分の年齢を正直に言わない子も多かった。警察は一人ずつ丁寧に調査する時間がないため、明らかに幼い子を除けば、どんどん家裁へ連れてきたという。警察も「新しくできた家裁ならば、どうにかしてくれるだろう」と考えていたのだろう。

このため調査官は、手分けをして少年の生年月日や本籍地を聞き取り、市町村役場に照会しなければならなかった。一三歳以下の子どもは改めて児童相談所へ送り、調査の結果、自宅や親類のある子は一時帰宅にして送り返した。

それでも行き場がなく、どうしてもどこかに収容しなければならない子もいる。浮浪児と言ってもとりたてて犯罪をしていない子も多い。親のいない子どものみすぼらしい姿に、調査官や裁判官も胸を痛めている。本来は養護施設に預かってもらうべきだが、施設の数は圧倒的に不足していた。警察は時期によって「一斉検挙月間」という名目で、次々と浮浪児を取り締まり、どんどん家庭裁判所へ送ってくる。日野はたびたび警察官と「行き場がないんだ、悪質な少年だけにとどめてくれ」と論争したという。

このため東京家裁は、比較的収容の余力がある浦和、千葉、さらに宇都宮や甲府の鑑別所まで東京の少年を連れて行った。観護措置の決定が出て駅に向かい、午後から夜にかけて列車で少年を首都圏の各地へと送っていった。

ある元調査官は「夕方六時頃より一〇名近い少年を数名の調査官で甲府の鑑別所まで同行する。今と違ってその頃は四時間以上はかかったように覚えている。夜の一二時すぎ、(山梨県の)酒折の駅で上り列車を待ち、新橋に着くのが朝の五時頃であった」と回想している。調査官たちは、新橋から東京家裁まで戻り、また次の少年たちの収容先を検討する毎日だった。

少年の保護をどうするかという悩みは、全国の家庭裁判所で共通していた。

最高裁が昭和二四年一一月に開いた、少年部裁判官による会同の議事録が残っている。旭川から鹿児島まで全国の家庭裁判所から少年担当の裁判官が集まっている。また、最高裁からも家庭局長の宇田川潤四郎や第一課長の市川四郎、第三課長の内藤文質が出席した。

会議では、少年の引き受け先に関する要望が相次いでいる。その一部を要約して紹介する。

「網走や帯広といった支部では観護所がないため、釧路本庁まで少年を移送しなければならないが、列車の本数が少なく時間的にも困難だ」（釧路家裁　飯島幾太郎）

「子どものために裁判をするなら、一週間なり二週間子どもをそばに置いて変化を見たい。そのために観護所が裁判所の近くにあると容易になるのだが」（東京家裁　軸原壽雄）

さらに、深刻な実情も報告が相次いだ。

「新聞にもあるように、少年院の逃走者が多数に上っている。裁判所としては少年を更生させるという趣旨だが、少年院や観護所を逃走した少年は、主食なんか得られないので、ほとんど浮浪児となりまた食いはぐれている。そのために窮して犯罪を犯すということになっている。少年院を逃走すれば、二、三か月でまたどこかの家庭裁判所に来るということになる」（和歌山家裁　吉益清）

「私のところは東北少年院に送致するが、新聞の伝えるところでは、本年にいたっては一四回の脱走事件が起きている」（仙台家裁　三森武雄）

「現在のような保護施設の元では、このような措置が果たして妥当なのだろうか」（神戸家裁　大塚利雄）

出席していた宇田川や家庭局のメンバーは、返す言葉がなかったろう。

彼らも現場の訴えは充分に理解できた。しかし、施設の収容可能な数が圧倒的に足りない中で、家庭裁判所はどうすればいいのか。

社会には少年たちの犯罪があふれていた。だが浮浪児の多くは戦争で親を失い、空腹を満たすため、生きていくために、盗みをするしかなかったのである。

家庭裁判所の裁判官や調査官たちは、その子どもたちを立ち直らせたいと願い、少年鑑別所に一時的に収容し、あるいは少年院に送ってそこで更生のために教育を受けさせようとした。しかし、現状は法の理念にはるかに遠い。

一部屋に何人もの子どもが押し込まれ、食べ物も足りなかった。鬱屈をため込んだ少年の間で、いじめや制裁が相次いだ。食料の奪い合いも日常で、幼い少年や病弱な子どもはわずかな食事まで年長少年に奪われた。だが施設の職員も足りず、教育はおろか指導も充分には行き届かない。生きていくため、少年たちは施設から逃げ出すほかなかったのである。

この席で、法務府（昭和二四年六月より名称変更）矯正保護局の課長は、裁判官たちの質問に対して脱走の状況を説明している。それによると昭和二四年一〇月現在で、少年院に収容されている人数は二八四七人。これに対して、この年の逃走者数はすでに一五〇〇人を超えている。

「現在の収容人員を見ましても、その半数以上が逃走いたしておるのでありまして、これは申しわけないのであります」

当局の課長も、こう言って詫びるしかなかった。

そもそも少年の検挙者数が年間一〇万人を超えるのに、説明時点で少年院に収容している人数はその三％もない。しかも収容した少年の半分以上が逃げ出すというのは、もはや底の抜けたバケツのような状態である。

和歌山家裁の裁判官が指摘する通り、逃走した少年たちは、結局行くところなく再び浮浪児になり、生きていくために再び犯罪を繰り返す。そんな彼らを何度家庭裁判所に連れてきて、全力を傾けて指導し、高邁な理念に基づいて教え諭したとしても、その言葉は戦争で親を失い、家もなく、腹を空かせた子どもの心に、果たして届くのだろうか。

社会が荒廃する中で、家庭裁判所は、どれだけの役割を果たすことができるのか。

裁判官たちの発言には、理想と現実の違いへの苦悩がにじんでいる。

会同では、あまりに貧弱な家庭裁判所の設備充実を訴える意見も、相次いでいる。

「在宅中に緊急な事件が起きても、宿直の事務官が連絡する手段もない。官舎の整備と電話を取り付けてもらえないか」（福岡家裁　亀井勝一）

「自動車、自転車、電話がほしい」（青森家裁　中田早苗）

「少年の鑑定を行っても、経理から謝礼金を支払う予算がないと言われる」（福井家裁　松田数馬）

「少年鑑別関係や非行少年の取り扱いに関する参考書を、一種類でも多く配布してほしい。合わせて医学、教育学、社会学など少年審判に必要な科学書の配付もお願いしたい」（和歌山家裁　吉益清）

庁舎はもちろん、電話もない。車どころか自転車もない。参考書もない。鑑定の謝礼金も支払えないのでは、裁判官も調査官もつらいだろう。

一部の裁判官からは、現状の家庭裁判所の制度に無理があるのではないか、という声まであがった。

「いっそのこと家庭裁判所を地方裁判所の中に吸収してしまって一つの地方裁判所の部として新しく機構を変えていくというようなことも考えられるのじゃないかと思いますが」（前橋家裁　石井文治）

地裁に吸収してしまったらどうだという発言に、それまでほとんど黙って聞いていた宇田川は立ち上がった。我慢できなかったのであろう。

「少年審判についても家事審判についても、やってみればそこに興味がわいて生きがいのある仕事であることは、皆さんもご承知の通りであります。（中略）

国会においてもその他の各民間においても、この家庭裁判所の育成強化ということについては、非常な関心を持っており、殊に関係方面においては非常な支持をして、これが育成発展に努めておる際ではありますので、現在家庭裁判所をやめて地方裁判所に少年部、家事部を作るというようなことは、私どもは毛頭考えておりません」

皆さんにもご尽力願いたい、以上、と言って宇田川は席についた。

議事録からも、憮然とした表情が透けてくる。

八　民間の施設に託す

施設も物資も足りない中で、全国の裁判官や調査官は、戦災孤児たちにどう対応していったのか。当時の回想や記録を元に、現場の奮闘ぶりを追ってみよう。

施設の貧弱さで言えば、横浜家裁もひどかった。横浜には米第八軍の司令部が置かれ、焼け残ったビルが次々と接収されたためである。接収の面積は、横浜市中区だけで全体の三割に上り、特に港湾地区は九〇%が米軍のものとなった。

裁判所も例外ではない。横浜地裁はＢＣ級戦犯の裁判、通称「横浜裁判」のために接収された。裁判所が接収されれば、社会の治安や秩序も揺るぎかねない。横浜地裁と当時の大審院は抵抗したが、結局、近くの民間ビルへと追い出された。家庭裁判所は地裁が間借りした民間ビルのさらに一部、わずか二部屋があてがわれただけだった。

ここでスタートした横浜家裁の最初の難題は、やはり浮浪児たちの救済だった。

接収で追い出された日本人の集まった場所の一つが、現在の桜木町駅から西側の野毛地区だった。近くには悪臭を放つ桜川が流れていた。今は埋め立てられて道路になっているが、この川に沿ってみすぼらしい小屋が次々と建てられ、野毛は横浜有数のヤミ市場となる。

中でも「くじら横丁」あるいは「カストリ横丁」と呼ばれた通りは、食べ物を売る露天商も多く、呼び込みの声と大勢の人で賑わった。クジラの油を使って揚げ物をするため、夕方になると鯨油の黒い煙があちこちで上り、満潮時には潮の臭いとない交ぜとなって周囲に漂った。

ここにも多くの浮浪児が集まっていた。神奈川県内や東京、遠くは東北から鉄道で流れてくる子どもも多い。

家庭裁判所には連日、警察に検挙されたり保護されたりした少年たちが送られてきた。垢じみた身体にぼろぼろの衣服をまとい、裁判所のフロア全体に、きつい臭いとノミとシラミを持ち込んできた。

横浜家裁の少年部に配属された裁判官や調査官は、連日、多くの少年の対応に追われた。だが内部向けに書き残された調査官たちの回想録を読むと、多くは浮浪児について「どことなく憎めないものを持っていた」「あどけない素直さがあった」と記し、少年への愛情がにじんでいる。

浮浪児たちは、靴磨きや列車での新聞売りなどをしていた。また闇市で手伝いをして大人から食べ物をもらう少年も多かった。一方で盗みやかっぱらいも絶えなかった。少年たちは連日、裁判所の廊下に数珠つなぎになって入ってくる。まずは、ＤＤＴをまくことが欠かせなかった。そうでないと、裁判官や職員の身体にノミやシラミが移り、自宅に持ち帰ってしまうためである。

野毛の浮浪児には、ある特徴があった。多くに「通り名」がついていたことである。それもどういうわけか動物や食べ物の名であった。タヌキ、ムジナ、アヒル、小熊、南京豆《ピーナッツ》など。こうした名前で少年どうし事足りてしまうため、東北など遠くから流れてきた少年たちは、家庭裁判所の調査にも本当の名前や生年月日を言わず、調査官は自宅があった場所を捜すのにも手こずった。

少年を保護する施設が足りないのは、横浜も同じだった。横浜刑務所の九部屋を少年の鑑別所としていた。だが少年たちにとって、野毛は住み心地が良かったのだろう、多くが脱走して、また野毛に戻ってきた。

調査官は、少年が姿を消したと聞くと、野毛のカストリ横丁に出向いた。すると顔見知りの少年がいて「この前逃げたタヌキはあそこにいるよ」などと教えてくれる。

横浜の児童相談所にも、野毛に詳しい児童福祉司の男性や、熱心な若い女性職員がいた。家庭裁判所はこうした行政機関と日常的に連絡を取り合いながら、一緒に逃げた少年を捜し、再び捕まえては説教した。根気強い繰り返しである。職員の一人は、児童相談所の職員たちの真摯な姿勢に、家裁も教わることが多かったと記している。物資も人員も足りない中で、互いの連携は今よりもずっと深かったのである。

収容施設が貧弱なため、調査官たちはできるだけ、少年たちを引き取ってくれる肉親や親族を捜す。だが戦争で親を亡くし、扶養できる親族もいない少年が少なくなかった。

こうした行き場のない子どもを多く引き受けてきたのが、民間の施設だった。

少年事件の手続きに「試験観察」がある。調査官が指導を続けながら、立ち直りの様子を見るという制度である。様子を見るため、民間の施設を「補導委託先」として少年を預かってもらうことができた。初期の家庭裁判所は受理した少年を次々と即日試験観察にして、民間の施設に預けたのである。補導委託にすれば、家裁からわずかではあるが、委託費用を支払うことができた。

神奈川県内は、こうした施設が比較的充実している。当時の資料によると、横浜市磯子区の若草寮、保土ヶ谷区の伸愛園、川崎市の新日本学院、白菊寮、藤沢市の唐池学園などであった。その多くは、戦前から地道で貴重な活動を続けていた施設であり、終戦後も身寄りのない子どもたちを預かっていた。横浜だけでない。特に終戦後の数年間、全国で民間の施設が果たした役割は大きかった。

親のいない浮浪児は「ぐ犯」として補導委託先に預け、施設でなじめば家庭裁判所は「不処分」の決定をして、そのまま引き取って育ててもらうことも少なくなかった。大量の浮浪児の定着先を見つけるために編み出された、苦肉の策である。

それでも施設には限りがあり、引き受け手の見つからない少年もいた。調査官の中には、時にこうした少年を自分の家に連れ帰って、しばらく面倒を見ることもあった。本来は許されないことであり、公式な記録には残っていない。

しかし、ＯＢに昔の話を聞いていると、自宅に浮浪児を連れ帰って同じ布団で眠り、少ない食事を分け合っていた先輩調査官の話が出てくる。目の前にいる少年たちを、再び路上に置き去りにすることは、どうしても忍びなかったのだろう。

全国の調査官たちは浮浪児たちを救うため、新たな補導委託先の開拓に力を入れた。ある家庭裁判所では、個人委託先を見つける名人のような調査官がいた。彼は近くの商店街で、魚屋やうどん屋などと次々と話をつけてきた。少年を試験観察にして個人商店を「補導委託先」として住み込みで働かせた。店になじんで立派な働き手になれば、不処分の決定をして少年をそのまま就職させる。もちろん、それまでの間、調査官は定期的に少年の仕事ぶりを確認し、時に頑張るよう励ました。

東京家裁では、かつて管内を八つの地区に分けて、調査官が各地域を担当していた。ある調査官は、一人で二〇～三〇人の少年を同時期に試験観察にして、民間の施設や商店などで預かってもらったという。

調査官自身は毎日、自分の担当区域を巡回し、個別に家庭訪問をして、試験観察中の少年や補導委託先と話をする。だから少年自身の様子はもちろん、担当地域の治安や教育環境まで把握できた。

そうして長い場合は一年以上も試験観察のまま様子を見て、少年が立ち直ったところでようやく意見書を書き、裁判官に不処分にしてもらったという。時間をかけても、できるだけ少年一人一人と向き合い、地域で立ち直ってもらいたいという考えからであった。

横浜家裁も、裁判官が自ら企業や商店を回って、補導委託先を増やしている。

当時の横浜家裁の個人委託先一覧が残っている。レストラン、肉屋、菓子製造業、バケツ製造会社など実に幅広い。全国の家庭裁判所は、施設の不十分さを、こうした努力と民間の人たちの協力で、乗り越えようとしていた。

九　孤児の養子縁組

「ＧＩベビー」という言葉がある。

主に米軍など連合国の駐留軍人と、日本の女性との間に産まれた子どものことである。昭和二八年の厚生省の調査では四九七二人となっているが、実数はもっと多いと指摘されている。

中には父親が誰か分からず、母親が養育できないケースも後を絶たなかった。

家庭裁判所は、こうした子どもの養子縁組も行っている。

初代の仙台家裁所長だった三森武雄は、仙台だけでも一四〇人ほどの養子縁組を行ったと後の回想に記している。

ある日、三森は宮城県中央児童相談所の斡旋で、一歳二か月の男児の養子縁組を行った。子どもを引き取りたいと申し出てきたのは、米軍将校の夫妻であった。

ただ、三森には腑に落ちないことがあった。部屋に入ってきた二人のうち、夫人が明らかに浮かぬ顔をしているのである。ハンカチで目頭を押さえることもあった。

「本当に縁組を希望するのですか」

三森は何度も訪ねたが、ぜひお願いしたいという。どうして悲しげな表情なのか。いくぶん釈然としない気持ちを抱いたまま、申し立てを許可した。

許可後に三森は、関係者を所長室に招いた。日本人の生母と祖母に連れられて姿を見せた赤ちゃんは、丸々として発育も良く、所長室のカーペットの上を、無邪気にハイハイしていた。話が終わると、生母と祖母は、赤ちゃんが気づかないすきに、そっと部屋を出て行った。

その時、部屋にいた米軍将校の夫人が、大きな声をあげて泣き出したのである。夫も妻の肩を抱き、一緒に泣いた。

驚いた三森がその理由を尋ねると、夫人は泣きながら答えた。

「あれほどかわいがって育てた良い子を、まるで母親の手の中から宝石を奪い取るようで、泣かずにいられないのです」

三森は夫人が浮かない表情をしていた理由が、ようやく理解できた。

ところが、今度は、生母がいなくなったことに気づいた赤ちゃんも大声をあげて泣き出したのである。

部屋の中は、夫婦と赤ちゃんの泣き声で充満した。

慌てた三森は赤ちゃんを抱きかかえると、窓の外から電車と車を見せたり、鉛筆を握らせたりして、懸命にあやした。

やがて泣き止んだ赤ちゃんを抱いたまま、同じく泣き止んだ夫妻を玄関まで送り、そっと子どもを引き渡した。

——今では米国でよく成長し、さぞ幸福な生活を送っていることだろう。

三森は、回想をそう結んでいる。

一〇　ヒロポン中毒

「覚せい剤取締法」ができたのは昭和二六年。それまで、覚醒剤は疲労回復という名目の合法薬物だった。「ヒロポン」の名称で新聞にも広告が出ており、薬局でも買えた。

ヒロポン中毒は、戦後の社会問題となった。少年の間にも中毒は蔓延した。昭和二九（一九五四）年に覚せい剤取締法違反で全国の家庭裁判所が扱った事件は五四〇〇件に達している。

ただし、違法になる前の昭和二五年の推計として、政府は青少年のヒロポン中毒が都内だけで三万人に上ると発表している。

当時のヒロポン一本分は、カストリ焼酎一杯分の値段とも言われた。闇市や酒場では当たり前のように流通していた。「第一次覚醒剤濫用期」と呼ばれている。少年でも手に入れることはたやすく、闇市や盛り場に住み着いていた浮浪児にも、あっという間に広がった。

警察が取り締まりに力を入れるようになると、家庭裁判所には中毒となった少年の保護が強く求められるようになった。

覚醒剤中毒は多くの場合、在宅では手の施しようがない。「同行状」を発布して少年の身柄を拘束する必要があった。同行状の執行のため、逃げる少年を追跡し、時には暴れる本人を取り押さえるという、刑事ドラマのような場面も展開された。調査官や事務官、雇の若い職員まで動員している。違うのは捜査のためではなく、その少年を薬物から引き離すためである。

少年に家族がいる場合、多くは親や兄弟も中毒患者だった。覚醒剤を手に入れるため家財道具はなく、布団や衣服まで代金になっていた。禁断症状で親が暴力をふるい、窓ガラスがすべて割られている家もあったという。自宅に立ち入ったある調査官は、悲惨と言うほかない一家破滅の光景に、言葉を失っている。

名古屋家裁の調査官、堀登志子は、覚醒剤中毒の少年に面接調査を行った時のことを書き残している。少年は戦災孤児である。居場所は名古屋駅裏の、「ヒロポン中毒者の巣窟」といわれる建物だった。

堀は昭和二四年に職員になったばかりだった。女性一人で現場に向かうのは心細い。彼女は近くの警察署に立ち寄って「護衛してくれないか」と頼んだ。

「私どもがついて行ってはむしろ危険です。素手の女の人ならかえって安全、気をつけていらしてください」

警察官はそう言って冷たく断った。堀はやむを得ず、一人で少年がいる建物に向かった。

路地を入っていくと、すぐに目つきの鋭い男が現れ、「誰だ」と聞いてきた。堀は覚悟を決めて答えた。

「私は家庭裁判所の調査官です。少年が動けぬ身体だというので、会いに来ました。私の目的は少年を助けるためで、あなた方を探りに来たのではありません」

暴力団員風の男は「家庭裁判所」という説明に納得したのか、堀を建物の入り口まで案内した。ところが、堀が玄関を入って靴を脱ぐと、素早くその靴を隠してしまった。

「お帰りには、ちゃんとお出ししますから」

覚悟を決めて部屋に入った堀は、息をのんだ。

その部屋は、中毒患者たちであふれかえっていたのである。今まさにヒロポンを注射しようとしている者。注射器に大事そうに薬剤を入れようとしている者。恍惚の表情を浮かべたまま、廃人同様に横たわっている者。誰も目がどろりと濁っていた。

――地獄絵図だ。

堀はそう思った。

やがて、重度の中毒症状で布団に横たわっている少年を見つけた。堀は駆け寄ると、一時間あまり枕元で話を聞いた。彼よりも年上の仲間が二、三人横にいて、少年をしきりにかばっていた。

――もしも親が生きていてこの子の姿を見たら、何と言って嘆くだろうか。

あまりの痛ましさに、堀は胸が詰まる思いがした。何よりもまず、治療が必要なことは明らかだった。彼女は家庭裁判所に戻ったら、医療少年院送致の意見を付けて、この子をまず治療させようと決心した。

面接を終えて帰ろうとすると、少年に付き添っていた仲間が、すがるような目を向け、口をそろえて頭を下げた。

「よろしくお願いします」

彼らは、面接での堀の口ぶりから、少年を救ってくれる人だと判断したらしかった。人間らしさを失っていないその言葉に、堀は安堵の息を漏らした。

一一　少年審判の心得

初期の家庭裁判所を知る裁判官は、今ではほとんどいない。

今回多くの元裁判官に取材したが、この中では昭和四年生まれの糟谷忠男が最年長だった。

糟谷は昭和二〇年に海軍兵学校に入り、終戦後には国鉄の事務や商業高校の教師をしていた。

昭和二六年に司法試験に合格し、家庭裁判所の少年部で裁判官としてスタートした。九〇歳を過ぎた現在も、家裁や少年への思いは熱い。

昭和三〇年代までは、審判を行う専用の部屋もないところがほとんどだった。少年審判は、机と椅子がある六畳ほどの部屋を使っている。少年に威圧感を与えないよう、昔も今も黒い法服は着ない。部屋には少年と多くの場合は保護者、それに調査官と書記官だけだった。検察官は立ち会わない。弁護士が付添人として付くこともまれであった。

糟谷の初任地は福岡家裁だった。着任して最初に驚いたのは、覚醒剤中毒の少年が多いことだった。取締法はすでに施行されていたが、暴力団が少年に覚醒剤の密造の手伝いや、密売をさせるようになっていた。違法となったことで、覚醒剤は暴力団の資金獲得の手段となり、少年を手足として使うようになっていたのである。

「覚醒剤を密売している子は、自分でも覚醒剤を射つんです。〝キンギョ〟っていう弁当に入っているプラスチックの魚型の醤油差しがあるでしょう。そこに覚醒剤を溶かして、注射針を入れて自分で注射するんです」

糟谷は少年が覚醒剤の事件で送られてくると、まずその子の腕をまくらせた。ひどい中毒の少年は、両腕にびっしりと一〇か所以上注射の跡があり、思わず息を飲むこともあった。

福岡に赴任して間もなく、大がかりな覚醒剤の密造事件が摘発された。その中には少年も含まれていた。当然、少年は家庭裁判所へと送られてくる。

ところが、検察庁からは家裁に事件の記録がこない。糟谷が催促したところ、少年の記録だけがようやく届けられた。主犯格の大人の供述調書などは見せてもらえなかった。

「少年事件は、送った記録だけでやってくれ」

担当の検事は、記録を要求した糟谷に告げた。当時、いかに家庭裁判所が軽んじられていたかが分かる。

糟谷は怒った。もともと正義感が強く、相手が不合理と思えば、憤りを隠さない。事件の全体像が分からなければ、少年の処遇を決めることもできないではないか。所長代行にそう訴え、地検に抗議をしてもらい、必要な記録を届けさせたという。

新任判事補として家庭裁判所に赴任した糟谷に、当時一番苦労したことは何だったのか聞いてみた。

「少年審判をどう進めたらいいのか、戸惑うことが多かったのです」

赴任先で先輩からの指導はなかったのだろうか。

「指導も引き継ぎもありません。そもそも裁判所というのは、先輩が後輩を指導するというところではないのです」
裁判と言えば、テレビニュースの廷内撮影の映像を思い浮かべる人も多いだろう。法廷の中に黒い法服を着た裁判官が、三人並んでいる。これは「合議体」と呼ばれる。実際はすべてが三人ではなく、刑事裁判も民事裁判も裁判官が一人で審理する「単独」もある。だが、地裁で一人で事件を担当できるのは、五年以上の経験を経て「特例判事補」に任命された裁判官である。また、彼らも合議体では隣に裁判長がいるので、日常的にベテランの訴訟指揮を学ぶことができた。

ところが、当時の家庭裁判所は違っていた。

家裁に三人の合議という制度はなく、すべて一人の単独である。しかも当時、少年審判は新任でも、いきなり担当させられていた。

家庭裁判所の審判は、裁判官の裁量にかなりの部分を委ねている。少年審判も、例えば証拠調べは当事者の請求に基づくのではなく、裁判官が必要だと思ったら自ら行う「職権主義」だった。だが、知識や経験のない若手は困るだろう。

新人にいきなり審判を任せるのは「大人の裁判はダメだが、子どもの審判なら」という家庭裁判所軽視もあったと思われるが、裁判官の数が不足していたことが最大の理由と思われる。

こうした運用は後に見直され、三年未満の判事補には審判を担当させなくなる。また、平成一二（二〇〇〇）年の法改正で、少年審判も必要に応じて合議体で行うことが可能になった。

では、初期の家庭裁判所で、新人裁判官はどうやって一人で学んだのか。糟谷に訊いてみた。

「当時はまだ、参考書もほとんどない時代でしょう。もちろん、分からないことがあれば先輩裁判官にも教えてもらいますが、思いついたのは、ベテラン書記官から聞き出すという方法です」

家庭裁判所の書記官は、各裁判官の審判に立ち会い、それぞれの個性や進め方を一番多く見ている。糟谷は懇親会があれば積極的に参加し、書記官と酒を飲みながら、経験豊富な先輩裁判官の技術を教えてもらったという。

糟谷の探究心は、これだけにとどまらなかった。

彼は東京に宇田川潤四郎を訪ねて、「少年審判の心得とは何か」を直接質問したのである。糟谷は新任判事補の研修で、宇田川と面識があった。「家庭裁判所の父」として名高い宇田川であれば、役立つテクニックを教えてくれるのではないか。そう考えたのだ。

訪ねてきた若い裁判官の質問に、宇田川は大きくうなづくと、こう言った。

「ぼくはね、祈るんだ」

予想外の言葉であった。

「少年事件をやる時は、審判を受ける少年に祈るんだ。そして拝むんだ。どうか、立派になってくれ。立ち直ってくれと」

宇田川は糟谷の顔の近くまで来ると、おもむろに彼の手を取り、両手で胸の前へ持ち上げ、ぐっと握った。

「審判が終われば、こうやって握手をするんだ。いいかい、ここにいる人たちはみんな君の味方だ。君の未来を、一生懸命考えているんだ。どうか、どうか、これから頑張るんだよ。そう言うんだ」

——オレ、頑張ろう……。

六〇年あまり前のこの日の思いを語る時、糟谷は今も、涙で言葉を詰まらせる。

第三章　理想の裁判所を求めて

一　日本婦人法律家協会

最高裁は昭和二五年五月から、三淵嘉子と大阪家裁所長の稲田得三、そして北海道大学の助教授から裁判官になった佐藤昌彦を、アメリカに派遣した。家庭裁判所の制度を学ばせるためである。三淵の一人息子の芳武は、この時まだ七歳であった。このため三淵は芳武を弟の家族に預け、横浜港から船でアメリカに出発した。

アメリカでは内藤頼博も見学したニューヨークの家庭裁判所を訪れ、二六日間ここに滞在した。調査官の活動や裁判所に常駐する医師の仕事、そして保護観察所などを見学している。さらにワシントン、シカゴ、ロサンゼルスと回り、滞在期間は八〇日に及んだ。

視察した三人が一様に驚いているのが、少年部も家事部も調査官が数多く、いずれも能力が極めて高いということだった。さらに医師による精神分析が活用され、警察や病院、保護観察所などとの協力関係もしっかりしていた。

三淵にはもう一つ、印象深いことがあった。それは、女性裁判官たちがはつらつと活躍していることだった。

ニューヨークの家庭裁判所では、女性裁判官が事件の処理から建物の管理まで、一切を取り仕切っていた。この女性裁判官は、裁判所の費用をまかなうため、自身の発案で寄付金を集める社会事業も行っていた。また、サンフランシスコの裁判所では、市民の選挙で裁判官が選ばれている。ここで二一人の裁判官のうち最高点を得たのが、女性裁判官であったという。その女性は、サンフランシスコ市民の多くが尊敬する存在で、高齢ではあったが、三淵の目から見ても美しく魅力ある裁判官だったという。

帰国して間もなく、三淵はGHQ法務部のメアリー・イースタリングという女性から連絡を受けた。イースタリングは女性弁護士でもある。

日比谷にあるGHQの建物に訪ねていくと、そこには同期の久米愛など、数名の女性法律家が集まっていた。全員が顔見知りであった。

集まった女性たちは、その場でイースタリングから「アメリカには女性の法律家の団体がある。日本でも女性法律家の組織を作らないか」と打診を受けた。

当時、法曹資格を持つ女性は三淵と久米、もう一人の同期で結婚後、鳥取で弁護士をしていた中田正子。そのほかには野田愛子、石渡満子、初の婦人検事となる門上チエ子などごくわずかだった。全員が二〇代と三〇代である。

こうして昭和二五年九月に日本婦人法律家協会は設立される。三淵の記述によれば一番最初の会員は九人だった。

会長は久米が選ばれ、三淵は副会長となる。当事者の回想によれば、会員があまりに少ないため、最初は互いに電話一本ですぐ全員に連絡ができたという。協会はアメリカにある国際婦人法律家連盟にも加盟し、会長の久米は同じ年、さっそくアメリカへ視察に向かっている。

翌昭和二六年には日本婦人法律家協会の設立を記念して、日比谷公会堂で一般向けに「講演と映画の会」が開かれた。上映されたのは昭和二四年のアメリカ映画で、夫は検事補、妻は弁護士というコメディー「アダム氏とマダム」であった。唯一の男性講師として、宇田川潤四郎も「日本における少年問題」と題して講演を行っている。

団体は現在も「日本女性法律家協会」に名称を変えて、各地で女性の権利擁護のために活動を続けている。会員数は今では九〇〇人に上っている。

二　建物の苦労

ほぼ何もないところからスタートした全国の家庭裁判所は、敷地を確保して建物を建てるために、どこも苦労している。

例えば大阪家裁は、幸い旧陸軍の用地を敷地として確保していた。だが、建物がなかった。場所は馬場町に近い「大阪市東区大手前之町無番地」である。ここには陸軍の被服倉庫が残されていた。大阪家裁はしばらくここに机や椅子を持ち込んで、倉庫を家庭裁判所にしていた。がらんどうの板張りで窓ガラスは一枚もなく、窓枠に銅線の網が張ってあるだけだった。始終冷たい風が吹き抜け、部屋の中に雪も舞い込んだ。

家庭裁判所がスタートした昭和二四年一月は、寒さで手がかじかむため、裁判官や職員は手袋を付けて仕事をし、交代で当直にもついたという。職員の記録によれば、窓ガラスが入ったのも、電話が取り付けられたのも二月に入ってからだった。裁判官のいる二階の床には穴が空いていて、一階にいる調査官の頭頂部がよく見えた。床を歩くと調査官室から「頭にゴミが落ちてくるのであまり歩かないように」と苦情を言われた。

初代の大阪家裁専任所長は、誠実な人柄と薄い髪を丸刈りにした風貌で知られた稲田得三である。稲田は、昭和二五年には三淵嘉子とアメリカへ家庭裁判所の視察に出向いて現地の制度を学んでおり、大阪で家裁を充実させるために力を尽くした。いわば「大阪の家裁の父」とでも言うべき存在であった。

いつまでも倉庫で職員を働かせるわけにもいかない。稲田は大蔵省にこの場所で家庭裁判所の建物を造りたいと申し出た。ところが、土地はまだ米軍が接収していた。米軍の管理下にあるまま、使われていなかった倉庫を家裁が利用していたのである。七月になってようやく接収が解除されることになり、隣の大阪市警と敷地の協議も終えることができた。

最高裁から示された計画では、新しい庁舎は地下一階、地上六階、延べ八〇〇〇坪という大きなものとなった。稲田はこの計画に喜んだ。これで倉庫から脱出して、関西を代表する立派な家庭裁判所ができると思ったのである。

ところが、昭和二五年二月から始まった工事は、トラブル続きだった。最初のつまづきは、会計検査院の指摘だった。当時の報道によると鋼材の量を四四九トンと計算して費用を算出していたが、設計図を元にすると三七〇トンしかなく、八〇〇万円の無駄遣いと問題視されたのである。結局、別の建設会社に交代することになり、工事はストップした。その後も、手違いで道路を造る部分まで建物がはみ出してしまうミスがあった上、朝鮮戦争が始まってセメントが不足し、たびたび作業が止まった。五年経っても建物はできあがらない。

地下には暖房装置を計画していたが、これも完成しないため、冬になると室内は凍える寒さであった。やむなく大阪家裁は各部屋に火鉢を置いた。

すると、今度は一酸化炭素中毒で、気分が悪くなる職員が相次いだ。昭和三〇（一九五五）年の冬には、実に五八人が病院に運ばれた。調停に訪れた女性まで卒倒し、ついには国会で「大阪家裁は何をやっておるのか」と問題視されるに至った。

こうなると在阪マスコミは、いつまで経っても完成しない大阪家裁をおもしろおかしく記事にした。稲田の回想によれば、「お役所仕事」「予算の乱費」「工事の無計画」などと書かれている。各社記事がなくなると工事の遅れを書いた。もはや「完成しない大阪家裁」はヒマネタ扱いである。

例えば、昭和二八年三月一三日の読売新聞は「ここにムダあり官僚調書」という記事で、大阪家裁を「金を食う〝正義の殿堂〟」と表現している。工事の不手際だけでなく「こんなバカでかい家庭裁判所が必要だとすると、大阪はよほど夫婦ゲンカの多いところになる」と庁舎の大きさまでが揶揄された。

工事が止まるたびに記者から理由を問いただされる。まじめな稲田は懸命に事情を説明し、それがまたネタにされた。

そのたびに、稲田は心を痛めた。

ある日、朝鮮戦争のあおりを受けてセメントがなくなり、また工事がストップした。思い詰めた稲田は、業者から「八〇〇袋ほど足りない」と聞くと、一人でセメント会社に向かった。社長は稲田の同級生であった。彼は社長に「セメントを少し分けてほしい」と頼みに行ったのである。

明治以来の裁判所の歴史の中でも、セメントを譲ってくれと頭を下げた所長は、前代未聞だろう。同級生の社長はうなづいた。

「うちも今不足してるんだが、ほかならぬ君の頼みだ。あるだけあげよう」

その言葉に喜び、稲田は何度も礼を言った。

「ところでどれだけいるのかね」

「八〇〇袋ほど」

その言葉に、社長はずっこけた。

「そんなに出せないよ」

「たった今、あるだけやると言うたじゃないか」

「君の官舎のながしでも修繕すると思ったんだ。お前も人が悪くなったなあ」

稲田は大阪家裁の窮状を説明した。社長は、分かった分かった、と笑顔になり、工事担当者に会ってくれることになった。結果としてセメントは都合が付き、工事が再開されたという。

それでも、大阪家裁の建物は、最初の計画を大幅に修正せざるを得なくなった。結局、昭和三二（一九五七）年度で工事は打ち切られ、できたのは地上三階建て二二〇〇坪と、計画の四分の一にとどまっている。

稲田の人柄を伝える、こんなエピソードもある。

彼は大阪家裁の所長に就任して間もなく、近くの郵便局長を訪ねた。郵便物の宛名に「大阪家庭裁判所」と書かずに届けられるようにできないか、と相談したのである。

当時は住宅事情が悪く、一軒の家に数世帯が同居していることも珍しくなかった。そんなところに「家庭裁判所」の郵便が自宅に届いたり、あるいは「家庭裁判所」という宛名の郵便物を出せば、すぐに噂が広がってしまう。裁判所から呼び出されたという陰口で、子どもが学校に行きたがらなくなったという悩みを、幾度か聞いていたのである。

だが、郵便局長は首を横に振った。当時、家庭裁判所のある大手前之町一帯はどこも「無番地」であった。無番地にはほかにもたくさんの建物がある。家裁だけ建物の名前を書かずに特別扱いはできない、と述べたのである。

だが、稲田はあきらめなかった。「家庭裁判所」と書くために困る家庭があることや、学校に行けない子どもがいることを懸命に訴えた。

郵便局長は稲田の話を聞き、ひどく同情した。数日検討した後、彼は次のような名案を出した。

「大阪家庭裁判所に、一〇〇という番号をつけましょう。これからは大手前之町一〇〇番は大阪家裁にします。つまり、一〇〇番と書けば、大阪家裁と書かなくてもいいのです」

郵便局長のはからいに、稲田は大喜びした。それからは自治体の了解も得ないまま、無番地の地区の中で大阪家裁だけ「一〇〇番」という妙にきりの良い番号が付けられることになった。

稲田は大阪家庭裁判所の所長を五年務めた後、今度は大阪地方裁判所の所長になって、長く大阪の人たちに「裁判所の所長さん」として親しまれた。その後昭和三六（一九六一）年に、仙台高等裁判所の長官で定年退官する。

仙台高裁を退官した日、彼は一人で列車を乗り継いで、大阪へと帰ってきた。

寂しくホームに降りた稲田を、関係者など二〇〇人が、大阪駅で出迎えたという。稲田はその時のことを、「消えた灯りが、また私の心にぱっとともった」と綴っている。

栄転の出発ではなく、定年退官し一私人として大阪に戻った稲田を、それだけの人が駅に出迎えたというエピソードは、彼がいかに大阪の人々に愛されていたかを物語る。

稲田は定年後、大阪家裁の参与員になった。亡くなるまでボランティアとして無料の家事相談を行い、大阪家裁を支え続けた。

三　履行確保

家庭裁判所が始まった時から、全国の現場で頭を悩ませる課題があった。

審判や調停で離婚が成立しても、取り決めたはずの慰謝料や養育費が支払われないケースが相次いだのである。

被害は、ほとんどが女性だった。

最高裁家庭局が昭和二八年から二九年にかけて、約一万人に調査をしたデータがある。調停や審判で決めたはずの支払義務に対して、一部不履行が三六%、まったく履行しない者が一四%で、およそ半分が慰謝料や養育費などの約束を守っていなかった。

審判や調停の結果であれば、強制執行を申し立てることも可能だ。ただし養育費などは少額の定期払いが多い。このため強制執行をする女性はごく一部で、多くは泣き寝入りであった。

家庭裁判所設立から半年後の、昭和二四年六月に開かれた全国の家事部の裁判官による会同でも、すでにこの問題が取り上げられている。

東京、神戸、福岡、松江、大分、仙台、秋田の各家庭裁判所が「家裁で金銭を取り立てる方法はないだろうか」と質問している。前橋と青森からは「金銭の支払場所を家裁にすれば、約束を守るのではないか」、大阪と和歌山、宮崎からは「扶養局のような特別の機関を設けてはどうか」など、提案も相次いでいる。

女性にとっては、離婚後の慰謝料や養育費は、自分と子どもの生活費であり、経済的なよりどころである。家庭裁判所を直接訪れ「別れた夫が約束を守ってくれない」と訴える女性も、後を絶たなかった。

宇田川潤四郎は、昭和二六年から救済策の検討を始めている。だが、地裁や高裁の損害賠償には、強制執行の仕組みしかない。家庭裁判所だけ別の仕組みを作ることを、最高裁内部や国会でも理解してもらわなければならなかった。さらには、親族だった者の権利関係に、裁判所が強力な介入をすることが妥当なのか。それこそ「司法の役割を逸脱している」と言われかねない。

このため宇田川は慎重に検討している。まず最高裁家庭局の局付だった外山四郎を欧米に派遣し、海外の制度を調査させるとともに、宇田川自身も昭和二九年にロンドン、ニューヨーク、ロサンゼルスの家庭裁判所を回って、養育費の支払方法を聞き取っている。

昭和三一年一月に「家事審判法の一部を改正する法律案」が国会に提出された。しかし国会議員からはやはり、「裁判と執行は区別すべきではないのか」「家庭裁判所だけ新たな制度を作れば、重大な影響を与え、裁判の本則を乱す」という意見が出されている。宇田川は国会で、金額の少ない月払いの養育費が多いことや、親族への影響から、現実には強制執行が使えない場合が多いことなどを説明し、議員たちに理解を求めている。

こうして家事審判法の改正は国会で成立し、昭和三一年七月から「履行確保」と呼ばれる新しい制度ができあがった。

制度は大きく分けて三つあった。まず、審判や調停で定められた義務を履行しない相手に、家庭裁判所が「履行を勧告」する。それでも履行されない場合、「履行を命令」し、従わなければ過料と呼ばれる制裁金の支払いを命じる。さらに支払いの意思はあるが、相手の顔を見たくないという人のため、家裁が金銭を受け取って、権利者に渡すという「金銭の寄託」も設けられた。

実際にこうした業務を担当するのは、調査官であった。

家庭裁判所一期生の水越玲子は、東京家裁で初期の履行確保を担当している。

当時この制度ができたことを、現場の職員はどう受け止めたのだろうか。水越に訊いてみると、彼女は当時、「できて良かった」と喜んだのだという。

「窓口で『調停で決まった養育費が支払われない』という女性からの相談が、たくさんあったんです。でも、裁判所がお金を取りに行くということは制度上できません。お金を受け取れなくて生活に困っている女性を、どうすることもできなかったんです」

水越は当時、書記官から家事調査官になり、離婚などの調停や審判を数多く担当していた。

「調停や審判で決められたお金を支払わないということは、経済的な問題の人を除けば、だいたい本当に感情がこじれてしまっているということです。こういう時は、誰か第三者が間に入らないとダメなんですよ。そんなところに、当事者のしかも女性が、お金を払えと直接求めることは、危険だしやめるべきだと思っていました」

だが、もめている当事者に調査官が乗り込んで「お金を払いなさい」と勧告するのも、かなり大変だろう。

現在の履行勧告は、まず書面か電話で行う。しかし、水越によれば制度が始まった当初は、事前に相手に連絡せず、直接自宅を訪ねて支払いを求めていたという。トラブルが起こりかねない。

水越が勤務していた東京家裁も、危険性を認識していた。担当する調査官は、最初から厳選していたという。

「事務局は最初、履行確保を担当する職員をかなり絞り込みました。若い女性は除外して、ベテランや落ち着いて対処できる人を選んだんです」

そういう水越自身、当時はまだ三〇代前半である。怖くはなかったのだろうか。

「私なんて全然大丈夫ですよ。いざとなれば警察に飛び込んでいこうと思っていましたから」

彼女はそう言ってにこやかに笑った。上品で穏やかな物言いなのに、どこか腹の据わったところがある。

「私が女だからといって、上司や男の職員が一緒に付いてきてくれるわけではありません。そんな配慮はありませんでした。だから、女性の調査官の中には、履行勧告に行く時は、万が一のために旦那さんに相手の家の玄関までついてきてもらった人もいましたね」

水越は男性の家をいきなり訪問し、相手が不在であれば、置き手紙を残した。離婚して独り身の男性は、アパートや集合住宅に暮らしている人が多い。相手がいる場合、玄関口で、

——家庭裁判所ですけど、養育費の支払いのことで来ました。

こう言うと、周囲の目もあるためか、多くの場合は部屋に入って話をするよう求められた。離婚して一人で生活する男性の家に入っていくのも、怖いだろう。

水越は玄関に入ると、まずは奥の部屋まで素早く目を走らせる。一緒に暮らしている女性はいないか、台所は片付いているか、酒びんが転がっていないかなどをチェックする。女性がいるかどうかは洗濯物や靴箱をみれば分かる。台所からは自炊をしているかどうかだけでなく、酒量や生活が荒んでいるかどうかも分かる。

あらかじめ調停記録を読んでいるため、生活状況や女性の有無は把握している。室内の様子から、

調停が成立した時との生活の変化を短時間で読み取るのも、重要な仕事であった。

男性と向き合うと、調停調書をまず見せた。

――ほら、ここに支払いのことが書いてあるでしょ。相手と約束したはずですが、だいぶ払ってないでしょう。どうしたの。

こう言うと、男性の多くは、ぽつりぽつりと口を開く。「失業した」とか「給料が減った」など経済的な理由を挙げる人と、「どうしても払いたくない」と感情的に言いつのる人に分かれる。

「お互いの感情がすでにもつれている中に入っていくので、裁判所の職員だという顔をしてはいけません。本当に、第三者として、片一方の味方をしすぎないように、丁寧にやります。調停の延長みたいに、感情を解きほぐすことを心がけていました」

――まあ、あなたも大変ね。でも少しでも何とかならないの。

――親とか兄弟とかに払ってもらえないの。

こういう言葉をかけながら、相手と話し合った。

訪問の結果、本当に経済的な理由で払えないと判断された場合は、女性側に連絡をして、事情の変更による減額が可能かどうかを問い合わせる。感情的なもつれが原因の場合は男性側に、約束したことだから、少しずつでも払いましょうよ、と説得する。

相手の気持ちも理解しつつ、冷静に話し合って納得させるのは難しい。何よりも人間的な力が必要になる。水越が訪問した相手はすべて履行勧告で終わり、履行命令や過料の支払いまでに至ったケースはなかったという。

履行確保という制度は、水越のような調査官の努力によって、支えられている。それは今も変わらない。履行勧告は年々増え続け、金銭の支払いに関する件数が現在は年間で一万五〇〇〇件を超えている。

最近では「子どもと会う約束が守られない」などという男女双方からの申立ても増えている。金銭の場合以上に感情的にもつれたケースも多く、調査官の役割はますます重要になっている。


宇田川はこのほかにも、新しい取り組みを始めている。

その一つが、医務室の設置だった。

精神科の医師が家事審判の当事者や少年の診断をして、専門的な立場から助言を行うというものである。これも当初は理解を得られず、職員の健康管理のために医師を雇用するのかと言われている。

裁判所での医師の役割が大きいことは、昭和一五年にアメリカを視察した内藤頼博もすでに指摘している。昭和二六年度予算から初めて医師や看護師の採用が認められ、規模の大きい家庭裁判所から徐々に医務室が整備されていった。多くの場合、精神科医だった。

家庭内の紛争は、当事者に精神的な問題を抱えていることが少なくない。医務室の医師は、調査官とともに紛争の原因を探り、必要があれば審判や調停の期日に出席して、意見を述べることもできた。

また宇田川は、家庭裁判所の資料に「横書き」を導入した。

少年審判所時代から使用されていた少年の「調査票」、そして付属する学校照会、戸籍照会、援助依頼書、協力依頼書などはすべて「縦書き」だった。大福帳のように上を束ねて冊子にしている。

今では裁判資料は判決文を含めて、基本的に横書きだが、昭和二〇年代に横書きを導入するのは、極めて先進的であった。

特に昭和二六年からは、一部の家庭裁判所でモデルケースとして少年に関する記録をすべて横書きにする方式を取り入れた。横書きにすることで、記録ごとに左とじのファイルを作り、保存や必要な時には取り出せるシステムを作ったのである。事件の記録を少年鑑別所や少年院に、すぐ貸し出せるようにするためでもあったという。これもアメリカを視察した佐藤昌彦の報告を受けて、取り入れたものだった。

単純に縦か横かの違いなのだが、これは最高裁や地裁、高裁から強い批判が出たという。裁判の記録は明治時代から長く縦書きである。戦前からの幹部にとって、裁判所の歴史に背く行為と考える人もいたのだろう。

ちなみに裁判所の判決文が横書きになるのは、平成一三（二〇〇一）年からである。

部下で家庭局の初代第三課長だった内藤文質は後年、後輩に対して宇田川のこうした矢継ぎ早の取り組みを「結局、一つの異端者として、やっぱり裁判所じゃちょっと受け入れられない点がたくさんあった」と率直に話している。第一課長の市川四郎や、第三課長の内藤は、次々とアイデアを出す宇田川の後ろで、批判の声も受けていたという。

三淵嘉子も「事務総局の中では、宇田川さんを理解する人は本当に少なかったと思います」と話している。

裁判所以外の組織と連携を深めることにも、地裁や高裁から異論が絶えなかった。「家庭裁判所は司法的な取り組みに乏しい」という批判である。ただし、関係機関との連携は、家裁の場合欠かせない側面がある。宇田川からすれば、少年の更生を第一に考えれば、そんなことを言っている暇などないと考えていたのだろう。

現場では児童相談所や教育機関、さらには研究者との連携も続いていた。『ケース研究』などでの座談会も盛んに開かれ、熱気も高まっていた。それがまた地裁や高裁の一部の裁判官たちからは、家庭裁判所が異質な存在のように映っている。

四　滝に打たれる

全国で家庭裁判所の運営が軌道に乗り始めた頃、全国の調査官たちから宇田川潤四郎の元に「学ぶ場がほしい」という要望が寄せられるようになった。

調査官たちはそれまで、千代田区にあった裁判所書記官研修所で採用後の研修を受けていた。しかし、書記官は裁判の記録や調書を作成して保管するのが主な仕事で、現場を回り人々から話を聞く調査官とはまったく異なる。加えて、すでに触れたように初期の調査官たちは、多様な経歴を持ち、人生経験も豊富であった。彼らにとって、書記官と同じ研修は、あまり効果がないというのである。

家庭裁判所が作られた昭和二四年の八月に、初めて調査官の研修が開かれている。その場で当時の最高裁事務総長は、少年保護がいわゆるケースワークであることを明言した上で、「これを遂行する上には、医学、心理学、教育学、社会学など多角的な学問的素養と技術的経験とを要請せられるのであります」と述べている。

だが家庭裁判所の中には、調査官が一人あるいは二人しかいない支部もある。小規模な支部でさまざまな経験を積むことは難しく、多角的な学問的素養を育む機会もない。調査官たちが特に希望したのは「多様なケースワークを学びたい」ということであった。

宇田川は昭和二七年から、調査官のための研修所設立の準備を始めている。

この時期、最高裁家庭局発足時の事務次長だった五鬼上堅磐が事務総長に、同じく人事課長として宇田川の抜擢を決めた石田和外が事務次長に就任していた。二人はともに、研修所の新設に賛同した。石田は保守派として知られ、後に最高裁長官になる。宇田川に対しては、一貫して好意的であった。

周囲の話では、石田は宇田川の天真爛漫なところが気に入っていたようだ。

宇田川の「調査官の研修所を独自に設置したい」という要望に対して、石田が了解した時の言葉が残されている。

――ネコは鳥かごでは飼えない。

家庭裁判所を言うことを聞かないネコに例えているのだが、宇田川を筆頭に確かにその通りであった。

ただ、問題は予算を獲得することであった。

最高裁はすでに二つの研修所を持っている。司法試験に合格した人たちを対象とする司法研修所と、前述の通り書記官を対象にした書記官研修所である。それに加えて、全国で一一〇〇人程度しかいない家裁調査官のために、もう一つ専門の研修所を作るのは、明らかに難しかった。

宇田川は石田のバックアップを受けて、昭和二九年から大蔵省に家裁調査官研修所の予算折衝を行っている。

部下の一人で当時局付だった沼邊愛一は、宇田川がやはり、いつもの熱弁で大蔵省の主計官を口説いたと述懐している。「宇田川さんの情熱ある陳情に大蔵省の担当官が心を打たれ、同情して予算獲得の手法を教えてくれたこともあったそうです」と回想している。どこまで事実かは分からないが、宇田川ならありそうな話である。

東京家裁の調査官だった日野照彦は、宇田川の用意周到な側面を覚えている。彼は担当主計官の出身高校と担任だった教師を調べ、その教師が日野の友人だと知ると頼んで紹介状を書いてもらった。それを携えて大蔵省へ説明に行ったという。

このほかに、宇田川を知る人に取材した時や、部下たちの座談会で、必ず出てくるエピソードがある。定番というべきか、鉄板というべきか。

昭和三〇年の年末、予算編成が大詰めの時期だった。宇田川は家庭局の部下たちにこう檄を飛ばした。

「お前たち、腹にしっかり力を入れて交渉しろ。必ず取るという信念で行かなくてはダメだ」

そして宇田川は、宣言した。

「オレはこれから、多摩へ滝に打たれに行ってくる！」

当時の部下たちは、この話になると必ず大笑いになる。

祈願したいことがあると水をかぶる習慣があった宇田川だが、普段は自宅の風呂場を使っていた。

部下たちは上司の「水行」を知っている。しかし、年末のこの時期、予算の獲得が瀬戸際なのに、家庭局長が山へ滝に打たれに出かけるというのは、いかがなものか。

話はまだ続く。宇田川に誘われて家裁調査官研修所の準備室に勤務していた北沢治雄が、軽い気持ちでこの滝行について行った。場所は高尾山北側の小仏峠にある「宝生の滝」であった。大晦日の晩、近くの寺に泊まって元日からふんどし姿で真冬の滝に打たれたという。後の座談会で北沢はこう話している。

「もう滝壺の日のあたらないところは氷がシャリシャリ張っているのです。（中略）夜の一二時に一度やって、朝は六時です。夜中のやつは滝壺に明かりを入れてやるのですね。身体の中はもう相当冷えちゃって、部屋に帰ったらコタツがあって、それに入れるのですが、朝までガタガタして、六時にまたやるというわけですからね」

結局、北沢は途中で逃げ出す。宇田川はというと、一月二日まで滝壺で滝に打たれた。

彼は念仏のようにひたすらこう唱えていたという。

――研修所設立、ケンシュージョセツリツ……。

この滝行は、長男の潔も覚えている。

「親父には信念みたいなものが芽生えると、もう脇目も振らないところがありました。家裁調査官研修所を作ることは、まさに親父の信念でした。本人は帰ってきて『やるべきことはこれで全部やった』と晴れ晴れしていましたね」

家裁調査官研修所は、昭和三一年度の予算要求で、復活折衝を経て認められた。

厳冬の滝に打たれた成果かどうかは、定かでない。

五　日本一の所長さん

家裁調査官研修所が実現して、次に大きな仕事は初代の所長を誰に引き受けてもらうかということだった。宇田川潤四郎にはこの人しかいないという腹案があった。

内藤頼博である。

内藤は、昭和二四年に宇田川が最高裁家庭局長に就任した時、家庭裁判所の具体像を話し合った相手である。事務総長の五鬼上堅磐に「内藤氏を除いてほかに適当な候補者はない」と進言した。五鬼上もまた事務次長時代、家庭裁判所の創設に苦労した一人である。その時にアメリカの家裁の理念を伝え、秘書課長として右腕となったのが内藤だった。適任であることは五鬼上も承知だった。

しかし、五鬼上は反対した。内藤が「大物すぎる」という理由であった。

内藤は、最高裁の秘書課長を経て総務局長を務めていたが、その後結核を患い、しばらく療養を続けていた。幸い重症ではなく、薬で完治する見通しだった。それでも最高裁で総務局長まで務めた大物を、定員五〇名ほどの小さな研修所の所長にするのは降格人事のように映る。

内藤はこの頃、東京家裁の平判事として、身体を休めながら働いていた。この時には体調もほぼ回復し、自らも家事事件を担当していた。

五鬼上は「忍びなくて自分からは聞けない」と言い、代わりに宇田川に意向を打診するよう頼んでいる。

宇田川はさっそく内藤に会って、「やってくれないか」と就任を要請した。

「分かった。やってみようか」

話を聞いた内藤は、すぐにこう言って承諾したという。

この時の感激を、宇田川は「私はこの時くらい内藤氏の理想に生きる没我的精神に感激し、敬服したことはない。一大快事である」と述べている。

手放しの喜びようであった。研修所の予算が認められた時よりもうれしそうである。部下たちにも「この所長さんなら、きみぃ、日本一だよ」と大満足の大いばりであった。

宇田川は、内藤が所長に決まってからは一切、運営に口を出さなかった。自分の役割をわきまえているというよりも、内藤を全面的に信頼しているためだったのだろう。長男の潔は「親父はもう、内藤さんのすることなら間違いない、と言っていましたね」と話している。

六　司法の戦争責任

内藤頼博は、結核で自宅療養をしていた時期に、膨大な司法研究報告書を作成している。

それは「終戦後の司法制度改革の経過」という題名だった。後に書籍にもなっている。戦後、大審院から最高裁へと続く司法内部の動きを全六冊で詳細に記録に残した。現在も最高裁発足までの経緯をたどる上で、欠かせない貴重な資料となっている。

この報告書には、戦後の最高裁発足の際に起きた派閥争いも、浮き彫りになるように記録されている。それは、戦時中も裁判の独立を訴え、戦後最後の大審院長となった細野長良らの「細野派」と、それに反発する「反細野派」の対立だった。

細野は、広島控訴院の院長だった昭和一九年、総理大臣の東條英機が大審院長や裁判所幹部に行った威圧的な訓示に反発し、長文の「抗議文」を出した人物である。また、GHQ民政局法制司法課長のアルフレッド・C・オプラーとも親しかった。

細野は戦後の最高裁が発足する前、最後の大審院長に就任する。しかし、戦争に協力した裁判所幹部たちを名指しで批判する舌鋒の鋭さや、感情の激しさが敵を増やした。

どちらが新憲法とともに発足する最高裁の実権を握るか。双方の争いはエスカレートする。怪文書が飛び交い〝ニセ電報〟事件まで引き起こされる内部抗争に至るが、戦時中、軍に協力した大部分の裁判所幹部たちは、圧倒的な数の力で細野派を追い落としていく。

内藤は戦前から戦時中にかけて、この細野派の人々と交流があった。内藤自身、戦後まだ司法省の課長だった時にオプラーから「最高裁の長官に誰がいいんだ」と訊かれて「細野さんがいい」と答えている。

戦前から「さつき会」の一員として司法の独立を訴えていた内藤は、思想的には細野派に近い。内藤は、昭和一八年三月から四月にかけて雑誌に掲載された座談会にも、細野派と言われた人々と参加し、裁判所の地位向上を訴えている。

それにもかかわらず、戦後内藤は細野派とは袂を分かつ。

行動をともにしなかった理由について、息子の頼誼は父から聞いた話として、次のように話している。

「親父は戦前、細野さんとも交流がありました。また戦時中に戦争協力をした裁判所の幹部たちを軽蔑していました。ただ、細野さんは自分が初代の最高裁の長官になれるはずという思い込みがあって、そのことが態度にも表れていた。それが気に入らなかったそうです。『細野さんは、ちょっとはしゃぎすぎだ』という印象を持ったということでした。それで親父はどちらにも肩入れせず、派閥争いからは距離を置いていたということでした」

頼誼は記者時代に法務省も担当している。このため戦後の司法制度について興味を抱き、父親に当時のことを詳しく聞いていた。また、内藤頼博自身も、戦後、類似の回想を残している。

頼誼によれば、内藤は、自身が昭和一五年に見たアメリカの裁判所に理想を見いだし、戦後の日本の司法を、アメリカのようにしたいと夢想していたという。「さつき会」は昭和二二年に解散し、内藤もかつては拒んでいた司法省入りして課長となった。彼はここで裁判所法の立法作業に携わり、戦後の司法改革へ関与していく。

だが、実際に戦後の司法で始まったのは、内部の派閥争いであった。

戦争に協力した政治家や軍人、そして言論、出版などの幹部は、多くがＧＨＱによる公職追放を受けている。それは不十分であったり、必ずしも正しい判断ではなかったりしたが、一応、戦争協力への責任を負わせたということもできる。

これに対して裁判官のほとんどは、公職追放を免れた。戦前の司法省の関連からは三七名が追放処分を受けているが、多くは思想検察の関係者と、一部の司法省幹部に限られた。

裁判官たちは、逆に新憲法によって「司法の独立」を獲得し、その地位を揺るぎないものとした。だが、戦時中の活字資料を開けば、裁判所幹部が競うように軍部に従う発言を繰り返していたことは、すぐに分かる。

当時の法曹界向けの専門誌『法律新報』には戦時中、「思想戦」という言葉が、キーワードとして繰り返し表示されている。何でも単語に「戦」をつけて非常時をあおる手法は、今も変わらない。この雑誌でも幹部たちは「聖戦完遂」「粉骨砕身司法報国」など戦争への協力と国家への忠誠を求めている。

しかし、戦争が無残な敗北で終わると、幹部は自分たちの過去には口を閉ざし、東條に抗議文を送った細野らの人格を攻撃し続けた。それはかつて軍部に協力した自身のやましさや後ろめたさと、決して無縁ではなかったはずだ。

細野一派を駆逐した幹部たちは、新憲法という甘露を舐めつつ、かつての振る舞いをなかったこととして、高裁長官や最高裁判事へ順調に出世していった。

もちろん裁判官全員が、積極的に軍部に協力したわけではない。その時代に課された任務を、できるかぎり果たしてきただけという人の方が、むしろ多数派であったろう。戦時中も疑問を感じつつ、軍部に声をあげる勇気までは持てなかった裁判官も多い。ただ、彼らも細野を支持できず、消極的に反細野派に従っていった。

確かに、戦後大審院から最高裁へと組織は一変した。だが、その幹部人事は途切れることも一新されることもなく、戦前から連続していたのである。果たして内藤は、その連続性をどう眺めていたのだろう。

間近に見た内部抗争への幻滅と改革への挫折もあって、内藤はアメリカで見た理想の司法を、家庭裁判所に託そうとしたのではないか。

所長になった内藤は自分の理想を注ぎ込み、異色の家裁調査官研修所を作り上げていく。

七　理想の学校

昭和三一年のある日、東北大学教授の中川善之助は、上京先の用事が終わり、上野駅から大学のある仙台へ戻ろうとしていた。

中川は戦後の民法改正に関わり、特に戦後の家族法の分野で著名な学者である。彼は列車の席に座って出発時間を待っていた。そこへ突然、背広姿の長身の紳士がやってきたのである。男性は隣に来ると丁寧に頭を下げた。

「先生、お願いします」

やってきたのは内藤頼博であった。

内藤はそれまで、何度も中川に家裁調査官研修所の講師を依頼していたのである。だが、中川は多忙を理由に断っていた。

「ぼくは東京では講義はしないんだ」

「いや、ほかで話をしなくても、調査官の研修所は特別ですから」

内藤はこの日も、中川の妻に電話をして出発の列車の時間を聞き出し、直接上野駅まで出向いたのである。

押しかけ依頼ではあったが、内藤の態度はあくまでも礼儀正しかった。その熱意に中川は根負けした。

「それじゃ、やるよ」

実は中川は、内心では引き受けるつもりになっていたのだという。所長自ら上野駅まで訪ねてきて、頭を下げるという真摯な依頼が、最後の一押しになった。

家裁調査官研修所の所長を引き受けた内藤は、どのような教育を行うべきか、各分野の研究者を訪ねて直接意見を訊いている。講師となる専門家への依頼も部下に任せず、自ら頭を下げて依頼した。

初年度の講師は憲法が宮沢俊義や佐藤功。刑法が平野龍一、法社会学が川島武宜、社会保障論が大内兵衛などいずれも当時の日本を代表する研究者たちである。定員五〇人の研修所としては破格だった。上野駅で直接依頼した中川も講師になっている。

当時、誰を呼ぶかリストアップする時に、内藤が職員たちに繰り返し言っていた言葉がある。

「その人は、一流なのか」

部下が一流です、と答えるとダメだと首を振った。

「一流じゃダメだ。日本一を呼ぶんだ」

確かに、当時としては日本一の豪華講師陣であった。

研修所は専門教育だけでなく「一般教養」の授業もあった。こちらも内藤が、多様な講師を招いた。後の直木賞作家の安藤鶴夫、歌舞伎役者の尾上梅幸、演出家の千田是也、地震学者で元気象庁長官の和達清夫、女性評論家の坂西志保など。調査官たちに歴史、文化、科学と幅広い教養を身に付けてもらいたいと考えていたことが、よく分かる。


内藤は英語の授業も設けている。外部から講師を呼んだほか、内藤自身も「実務英語」の講師を担当していた。

研修生の多くは昭和一ケタ生まれで、英語は〝敵性外国語〟と呼ばれた世代である。家庭裁判所の職員に英語が必要なのかという意見もあっただろう。しかし内藤は、優秀な調査官を海外に留学させたいという希望を持っていた。実際に毎年、ここで学んだ調査官の一部は、アメリカやイギリスの家裁に派遣された。彼らは裁判官とは別の視点で、先進地の制度を学んでいる。

一方で内藤は家裁調査官研修所に一人も裁判官を配属させなかった。

もちろん講義では、最高裁家庭局の市川四郎や森田宗一らが授業を行っている。ほかにも裁判官たちは多数授業で動員させられた。しかし彼らはあくまでも講師であって、研修所所属の教官ではなかった。

これも家庭裁判所の独自性を重んじる内藤の強い希望だった。裁判官が配属されると、どうしても教師と生徒の関係になる。むしろ裁判所の外から招いた超一流の講師による授業と、幅広い教養こそ必要だという内藤の理想主義は、ここからもうかがえる。内藤は研修方針として次のような言葉を残している。

――ただちに役立つ調査官を養成するということよりも、将来の、一〇年先の調査官を作る。

昭和三二年一月からの第一期の研修生として選抜されたのは、全国の家庭裁判所に勤務する二四歳から三〇歳までの男女五二名である。北は釧路家裁から南は宮崎家裁まで。学歴はまったく問わず、旧制中学の卒業生もいれば東大卒もいた。内藤が選抜の条件としたのは、将来各家裁で中核となる熱意ある人材だった。

研修生たちの宿舎は、東京都港区芝公園の増上寺境内の建物だった。五〇畳の大部屋でやたらと立派な仏壇があった。研修生はそこをカーテンで仕切って暮らしていた。隣に建設中の東京タワーは、まだ土台しかない。研修生たちは増上寺の鐘の音を聞き、日に日に高くなる紅色の鉄塔を脇に見ながら、一年間、千代田区富士見町の研修所へと通った。

内藤は教室にも工夫をした。入り口には大きな鏡を置き、研修生たちには入室前に身だしなみを整えるように求めた。教室には世界地図と世界史の年表も掲げた。世界的な視野を持ってもらいたいという考えからだった。研修所から出て、さまざまな施設の見学も行った。

家庭裁判所や少年院、少年鑑別所だけではない。内藤は自分で案内して鈴木演芸場に寄席を聴きにいったり、中山競馬場に競馬の見学に連れて行ったりしている。

研修が修了する時も試験を行わなかった。これには事務局から「試験がないと勉強しませんよ」という反対の意見も出た。だが、内藤は受け入れなかった。

「試験をしなければ勉強しないというような教育は間違いだ。こちらの教育の熱意が、研修生を動かさなければダメだ」

さらにこう続けた。

「吉田松陰は松下村塾で試験をしたか。試験をしてあれだけの人材を生んだのか」

吉田松陰まで持ち出されては、職員たちも二の句が継げなかった。結局、試験の代わりにレポート提出となった。

大阪家裁の調査官だった今田洋子は、家裁調査官研修所の七期生である。今も健在の今田に、当時の研修所について訊いた。

彼女はここが自分の青春だったと話す。

「人間を総合的に見よう、少年の人格全体を考えよう、そういう理想に満ちていたと思います。まるで幅の広い大学院に入ったようでした。カリキュラムは心理学、社会学、精神医学と多岐にわたって、あちこち見学にも行きました。私の時は一般教養に将棋の升田幸三名人が来てくれました」

今田の同期は平均年齢が高かった。四〇代や五〇代の人もいて、中には軍隊経験がある人もいた。

だが年齢に関係なく、誰もが研修所の理想的な空気をいっぱいに吸い込んで、勉強していたという。

当時の研修所長は、宇田川潤四郎であった。

宇田川は最高裁家庭局長に丸八年在籍していた。今なお家庭局の最長記録である。彼はその後、自ら希望して家裁調査官研修所の所長になった。宇田川は、カリキュラムを変更することなどなかった。むしろ、内藤の作った研修所が、うれしくて仕方ない様子だったという。

「ちょびヒゲで、にこにこして、誰でも〝くん〟で呼んでくれました。宇田川さんはみんなの人気者でした」

宇田川は時々、授業の前にノート片手に教室に入ってきて、入り口に近い席を陣取った。そして得意げにこう言った。

「ぼくも勉強するんだ」

ところが居眠りが多く、すぐにこっくりこっくりと始めてしまう。迷惑なのは隣に座った研修生である。起こしていいのかどうか困ってしまう。講師も怒るわけにもいかない。そういうちょっと間の抜けたところも、研修生たちに愛された。

健康法を考えついたと言って、研修生に体操を教えたこともある。手を上に上げて何回も振るだけの単純なものだが、本人は「ピンピン体操」と名づけて大まじめである。言われるとおりに全員で手を上げて「ピンピン、ピンピン」と繰り返したが、珍妙な光景にみんな大笑いした。研修生たちから「宇田川式体操」ならぬ「疑わしき体操」と命名されている。

今田はこう話してくれた。

「多くの調査官にとって、そして私自身の人生にとって、この当時の研修所は忘れられない宝物のような一年でした」

内藤が作り、宇田川が引き継いだ「理想の学校」で毎年全国の調査官たちは学び、そうして、各地の家庭裁判所に戻っていった。彼らはそれぞれの職場で、後輩たちに教えを伝えていく。

家庭裁判所の理想はこうして静かに、全国へと広まっていった。

第四章　少年法改正議論

一　多忙な第三課長

昭和三九（一九六四）年五月一〇日の東京駅のホームは、午後も背広姿のサラリーマンがひっきりなしに行き交っていた。スレート屋根の端から見える空には、厚い雲が広がり、夕方にはまだ早いのに、日差しのないホームは薄暗い。南よりの湿った風が絶えず吹いていた。

栗原平八郎は、三五歳で最高裁家庭局の第三課長を命じられ、長崎家裁からこの日、単身で上京してきた。

新幹線の開業はこの五か月後である。栗原は実家のある京都に途中下車し、一泊二日で東海道線を上ってきた。痩身で高い鼻と切れ長の目に、七三にきれいに分けた髪が能吏の印象を与える。周囲の評価も外見と同じ「きまじめ」で「切れ者」であった。陸軍幼年学校に入っていた異色の経歴を持っている。

栗原は昭和四年生まれ。後に家庭局の局長を経て、東京高裁長官を務めた。今回初めて、家庭局時代の最高裁内部の動きを明らかにしてくれた。

彼は日記を付けており、日付も明確で記憶も確かだった。元裁判官の中には、事実関係の記憶は詳細でも、自身の感情を塗り隠す習性が抜けきれない人もいる。しかし栗原は、折々の自分の気持ちも含めて語ってくれた。

その彼が荷物を抱えて東京駅に着いた時の気持ちは、「不安でいっぱいだった」という。

最高裁家庭局で局付をしていた経験はあるが、担当は家事部だった。今回着任する第三課長というのは少年部が担当である。

異動の打診を受けた時、栗原は「少年事件は分からないから、自分にはできません」と一度断っている。普通は最高裁の課長に抜擢されて断る者はいない。直接の上司から「務まるか務まらないかはこちらで決めるんだ。君はこれまでどれだけ家庭局に世話になったと思っている。文句言わずに来なさい」と叱られ、気乗りしないまま、列車に乗ったのだった。

改札口には大柄な男性が待っていて、笑顔で栗原を出迎えた。

第一課長兼第二課長の裾分一立《すそわけかずたつ》だった。裾分はそれまでの第三課長で、栗原の着任によっていわば隣の一課、二課にスライドすることになる。一八〇センチを超す長身と、六高ボート部で鍛えた太い腕の持ち主である。その姿通りの大らかな性格と、相反する細やかな気遣いや事務処理能力で、家庭局次期エースの呼び声が高かった。栗原も「優しい裾分さんが隣にいてくれるなら、何とかなるだろう」と、自らを慰めつつ課長を引き受けたのだという。

「わざわざお出迎えすみません」

「いや、今日は帰っていいから、明日でも出ておいで」

裾分はそう言い、しばらく仕事の話をした。裾分が言うのは「家庭局の第三課はこれから大変だぞ」ということであった。

栗原も、それは気づいていた。

少年事件をめぐる環境は、戦後すぐの時代から大きく変化していた。少年法と家庭裁判所への批判の声は、あちこちから聞こえてくる。普段鷹揚な裾分が言うのだから、さぞかし大変なのだろうと、栗原は前途の多難さを予測した。その日は駅で互いに別れた。

翌日は雨になった。栗原は傘を差し、ぬかるむ日比谷公園を突っ切って家庭局に顔を出した。まず局長の細江秀雄に挨拶をした。そこで言われたのは、思いがけない言葉だった。

「裾分課長が昨夜入院した」

前日、東京駅で栗原と別れた直後に裾分は倒れ、自宅近くの病院に運ばれたのだという。急性肝炎だった。長期の療養が必要だという。

栗原は目の前が真っ暗になった。

何でも教えてくれるはずの先輩がいなくなっただけではない。栗原は裾分の仕事も引き受けることになった。「第三課長」兼「第一課長」兼「第二課長」である。局長の細江は、これまで最高裁の勤務経験がない。まだ若い栗原が、唯一の課長として事実上、一人で家庭局の三つの課を取り仕切らなければならなくなった。栗原の日記は、この日から半年ほど、空白である。

日記を書く暇もないほどの忙しさのせいだった。

二　少年事件の「凶悪化」

昭和三〇年代に入ると、社会は戦後の混乱から徐々に抜け出す。それと重なるように、少年による凶悪事件が相次ぎ、社会に衝撃を与えた。

昭和三三（一九五八）年には、東京都江戸川区の小松川高校に通う当時一六歳の女子高生が、夏休み中に殺害される事件が起きた。犯人を名乗る男が、新聞社や警視庁の捜査本部に電話を繰り返しかけてきた上、被害者の遺品を送りつけてきた。録音された電話音声の一部が公開され、その自信たっぷりの物言いが、人々の恐怖と怒りを呼んだ。

だが、逮捕されたのは、同じ高校の定時制に通う一八歳の少年だった。さらに、この少年が以前も別の殺人事件を起こしていたとされることが明らかになる。一、二審で死刑が言い渡され、昭和三六年に最高裁で確定した。翌年に死刑が執行されている。

この事件では、起訴された少年にそれまでも窃盗などの前歴があったことが明らかになり、当時、少年審判を担当した家庭裁判所の判断が、問題視された。

法務省刑事局付の検事、安倍治夫は、昭和三三年一〇月の参議院法務委員会で、家裁が悪いと言わんばかりの説明を行っている。

「おそるべきことにはこの少年はすでに四回の前歴を持っておる。一番初めは昭和三〇年六月にハンドバッグと現金一九五〇円を窃取いたしました。そうして検察庁に送られ、家庭裁判所に送られた。（中略）おそらく発覚しない万引その他を入れますと、相当犯罪を行なっているに違いない。R少年はすでにこの段階で常習的な犯罪者の徴候を表わしているのでございます。

しかし何と思いましたか、家庭裁判所の処分はいわゆる不処分であります。これは審判を開始いたしましたけれども、しかし特別の手当は必要はないというのでR少年はそのまま釈放されて、そこに何の手も打たれなかったのであります。

果せるかな、それから三か月経ちまして、昭和三〇年一二月三〇日に至りまして第三回目の犯行が行われた。（中略）この場合は検察庁から家庭裁判所に事件が送られまして、家庭裁判所では何と思ったか審判不開始、すなわち審判することすら必要がないといってこの少年を家庭に送り帰したのであります。

そうしますと、もちろんそういう常習的な犯罪性を持った少年でございますから、間もなくまた次の犯行が行われている。（中略）事ここに至りましては、家庭裁判所もこれをまさか釈放するわけにはいきませんので、非常に一番軽い処分であるところの保護観察処分というのに付したのであります。

そうして、世間を騒がしました有名な小松川女高生殺しの事件というのは、まさにこの保護観察中の出来事であります」

昭和三五年には、社会党委員長だった浅沼稲次郎が、一七歳の少年に刺殺された。浅沼は東京の日比谷公会堂で演説中であり、刺殺の瞬間が映像や写真に記録され、ショッキングなシーンが繰り返し報じられた。少年はその場で逮捕され、その後、東京少年鑑別所で自殺した。

同じ昭和三五年には、日米安全保障条約の改定をめぐって、全国の大学で学生運動が激しくなる。六月一五日には、全学連などが国会で警官隊と衝突した。東大生の女性が死亡し、学生・警官双方の重軽傷者は数百人に上った。この中には、一八歳、一九歳の少年も多く含まれた。

少年による事件が相次ぐ中で、少年法の対象年齢引き下げを求める意見は、昭和二〇年代から上がっていた。昭和二六年には当時の法務府が「少年法改正草案」を作成している。その後も世論を背景に保守系の政治家から「少年を甘やかすな」「厳罰化を」という声が強まるようになる。批判の矛先は、常に少年法と家庭裁判所へ向かった。

昭和三八(一九六三)年九月に、総理大臣の池田勇人は自民党演説会で、少年法の適用年齢を、二〇歳未満から引き下げるべきだと発言する。一年後の昭和三九年九月。池田総理と同郷で懐刀と言われた法務大臣の高橋等《ひとし》は、法務省に対して少年法の改正を正式に指示した。大臣が少年法の見直しに言及することはこれまでもあったが、この時は総理大臣の発言もあって、法務省も改正に向けて本腰を入れていた。

法務省の幹部の中には、法務庁時代、昭和二三年の少年法の成立過程を覚えている者も少なくない。「少年法はGHQの押しつけ」という声も強かった。現行少年法ができたのは、まだ十数年前のことである。彼らには「先議権」、つまり事件を起こした少年の処分の判断を先に行う権利が裁判所に奪われたことに、強い不満もあった。もし少年法の対象年齢を引き下げれば、一八歳と一九歳は検察が先議権を取り戻すことができる。

こうした一部の幹部が、世論を重視する政治家と歩調を合わせて、改正に向けて動き出したのが、少年法改正に向けた動きの背景だった。相次ぐ凶悪な少年事件、とりわけ一八歳や一九歳の「年長少年」が次々と引き起こす事件は、改正に向けた追い風となったのである。

三　示された試案

最高裁家庭局の栗原平八郎の元に、法務省の青少年課長である安田道夫から連絡があったのは、翌年の昭和四〇（一九六五）年四月だった。

少年法について「意見交換をしたい」という打診だった。法務省の口ぶりに何か含むものを感じた栗原は、療養中の裾分一立を訪ねて、助言を求めている。

「できる男だが、油断ならんぞ」

それが裾分の安田評であった。二人はともに昭和二四年に司法修習生となった同期である。安田は任官四年目にして検事総長の秘書官に抜擢され、その後主計課長を経て刑事局の青少年課長に就任している。秘書官経験者らしく、穏やかで物腰は柔らかい。年下の栗原にも丁寧な言葉使いだった。

池田総理の発言や、法務大臣の少年法改正指示はすでに報道されていた。今回もおそらく、改正に向けた法務省の動きの一環だろうと思われた。

栗原の日記には、同じ時期に、名物司法記者として知られた、朝日新聞論説委員の野村正男が、最高裁事務総長の関根小郷を訪ねたことも記されている。野村は関根に「今の家庭裁判所の処分は、少年に甘すぎるのではないか」と訊いてきたという。栗原は、司法取材の長い野村までが、このような言葉を述べたことが意外だった。おそらく法務省のＰＲが、かなり浸透しているのだろうと思った。

裾分や栗原はともに戦後の任官である。司法官として戦争を経てきた宇田川潤四郎や内藤頼博らの教えを受けてきた世代であり、栗原も少年法の対象年齢を引き下げる改正には、むろん反対であった。ただ彼は、相次ぐ少年犯罪による批判を、ただ一人の課長として受けることになった。

法務省青少年課と最高裁家庭局の第一回の会合は、昭和四〇年五月一〇日に開かれた。その場で、資料が配付された。栗原の記憶によれば、そこには「刑事局青少年課試案」と書かれていた。

それは、法務省による少年法の対象年齢引き下げ案であった。

「少年」を現在の二〇歳未満から一八歳未満にすること。一八歳から二三歳未満程度を「青年」とすることなどが書かれていた。

その上で青年の犯罪に対しては、原則として刑事訴訟法の規定により、検察官が先に調べて処分の判断を行う「検察官先議」とする。さらには「青年裁判所」という新しい裁判所を作り、青少年の保護事件の処分について検察官に意見陳述権を与えることや、裁判所の決定に対して、検察官に不服申し立ての権利を与えることも記されていた。

すべての事件を家庭裁判所に送っていた前提を根本から修正し、少年法の対象年齢を一八歳未満に引き下げて、検察の権限を大幅に強化する内容だった。

——ついに、来た。

栗原は資料を前に、息をのんだ。

意見交換でも何でもない。それは法務省からのほぼ一方的な説明の場だったのである。

四　「原爆裁判」

この頃、最高裁の初代家庭局の裁判官たちは、どうしていたのだろうか。

宇田川潤四郎は調査官研修所の所長から、京都家裁の所長に異動していた。京都は少年審判所の時代にも所長を務め、BBS運動をスタートさせた場所である。ただ、宇田川はこの頃から体調を崩し、目立った活動はできていない。

そのほかは、多くが東京家裁に集まっていた。

東京家裁の所長は内藤頼博である。少年部の裁判官は三淵嘉子がいて、家庭局第三課長も務めた森田宗一がいた。初代の第三課長だった内藤文質は弁護士になり、少年事件を担当してよく東京家裁に出入りしていた。局付だった柏木千秋は名古屋大学の教授になっていたが、やはり研究会などで東京家裁に顔を出していた。福岡家裁が初任地だった糟谷忠男も、昭和四四（一九六九）年には東京家裁にやってきた。

当時の東京家裁のメンバーの中でも、少年部で中心的な存在は三淵であった。

三淵は昭和三七（一九六二）年からほぼ一〇年、東京家裁の少年部に勤務した。糟谷も三年間、三淵と一緒の第九少年部に配属されていた。糟谷は今も三淵のファンである。どこが魅力だったのか尋ねると「笑顔と語り口で、人を引きつけるのですよ」という。

「私は三淵さんと同じ部屋にいたのですが、三時のお茶の時間になると、女性の裁判官や書記官が三淵さんに会うため、部屋に次々と訪ねてくるのです。裁判官室がね、女性たちのたまり場になっていました。それでまあ、彼女たちが何を話しているかというと、次の会議には何を着ていくとか服の話なんかをして、きゃあきゃあやっているんです」

若手で正義感の強い糟谷は、戦時中海軍兵学校にいたという経歴から、東京家裁では「青年将校」というあだ名がついている。その「青年将校」が、まるで女子高の部室のようになった部屋に座っている光景だが、糟谷本人はそれが結構お気に入りであったようだ。明るくて大らかな三淵と、そこに集まる女性たちに、むしろ家庭裁判所らしい自由さを感じていたという。

一方で糟谷は、三淵が女性に優しかっただけではないと話す。

「一度彼女が言っていたのは、『女性は泣いてはいけない』ということです。厳しいことを言われて泣いてしまえば、『女は泣くからダメだ』と言われてしまう。そういう評判をたてられれば、女性全体の評価を下げてしまう、そう言っていました。決して女性に甘いわけでは、なかったですね」

三淵自身も回想しているが、彼女は自らの振る舞いが、後ろに続く多数の女性裁判官たちの将来を左右しかねないことを、常に強く意識していた。

彼女は昭和二五年に最高裁家庭局を出た後、地裁で民事裁判を担当している。

家庭局にいたほかの裁判官たちは、多くが家庭裁判所の現場に出ることを望み、またその通りに赴任していった。三淵も希望すれば当然家裁に転勤したはずである。しかも彼女は昭和二五年にアメリカの家裁の視察メンバーにも選ばれている。最高裁が女性裁判官第一号の三淵を、家裁の専門家に育てようと考えていたことは、容易に想像できる。

昭和二五年に最高裁長官の田中耕太郎を囲んだ座談会があり、三淵も女性法律家の代表として出席している。そこで田中は「女性本来の特性から見て、女性は家庭裁判所裁判官がふさわしい」と明言した。三淵は当時の気持ちを、後にこう記している。

——最高裁長官がこのように考えられるようでは、大変なことになると内心大いに警戒したのである。（中略）先輩の私が家庭裁判所に行けば、きっと次々と後輩の女性裁判官が家庭裁判所に送り込まれることになろう。

彼女は家庭裁判所が「女性裁判官のお定まりの路線」とされてはたまらないと考えたのである。三淵が家裁に強い魅力とやりがいを感じていたことは、息子の芳武も証言している。それでも女性裁判官第一号の自分が、安易に家裁を選んでしまうと、後輩の女性たちの選択の幅を、狭めてしまうことになる。

昭和二七年に三淵は、名古屋地裁の民事部へと転勤した。男性裁判官と同じように異動すべきと考えていた三淵は、小学生の芳武を連れて、二人で名古屋へ引っ越した。自宅には住み込みのお手伝いさんを頼んで、家事と芳武の世話をしてもらった。

三年半を名古屋ですごし、昭和三一年に東京地裁の民事部に異動した。

彼女はここで有名な国賠訴訟を担当している。

法律による被爆者への充分な援護策がなかった昭和三〇年に、広島と長崎の被爆者五人が、国を相手取って賠償を求める訴えを起こした、いわゆる「原爆裁判」である。原爆の違法性が初めて法廷で本格的に争われた事件として知られている。三淵は古関敏正裁判長の右陪席であった。

審理は八年に及んだ。昭和三八年一二月七日の判決時、三淵はすでに東京家裁に異動していたが、判決文には裁判官として名前を連ねている。

主文は、原告の訴えをいずれも退けた。

ただし、判決はアメリカによる原爆投下を「国際法違反」と判断している。さらに判決文の末尾にはこう記された。

——人類の歴史始まつて以来の大規模、かつ強力な破壊力をもつ原子爆弾の投下によつて損害を被つた国民に対して、心から同情の念を抱かない者はないであろう。（中略）
国家は自らの権限と自らの責任において開始した戦争により、国民の多くの人々を死に導き、傷害を負わせ、不安な生活に追い込んだのである。しかもその被害の甚大なことは、とうてい一般災害の比ではない。被告がこれに鑑み、充分な救済策を執るべきことは、多言を要しないであろう。
しかしながら、それはもはや裁判所の職責ではなくて、立法府である国会及び行政府である内閣において果さなければならない職責である。しかも、そういう手続によつてこそ、訴訟当事者だけでなく、原爆被害者全般に対する救済策を講ずることができるのであつて、そこに立法及び立法に基く行政の存在理由がある。終戦後十数年を経て、高度の経済成長をとげた我が国において、国家財政上これが不可能であるとはとうてい考えられない。我々は本訴訟をみるにつけ、政治の貧困を嘆かずにはおられないのである。

末尾の「政治の貧困を嘆かずにはおられない」という言葉を、三人の裁判官の誰が記したのかは分からない。三淵自身は種々の回想でも、この裁判について一切言及していない。

ただ、判決文の中にある「国家は自らの権限と自らの責任において開始した戦争により、国民の多くの人々を死に導き、傷害を負わせ、不安な生活に追い込んだのである」という一文は、三淵自身の境遇と同じである。

法廷で被爆者の証言を聞いた三淵は、長崎で戦病死した夫の和田芳夫と、幼子を背負い、福島で懸命に畑を耕していた若き自身の姿を、重ねずにはいられなかっただろう。

彼女は東京に戻って間もなく、昭和三一年八月に裁判官の三淵乾太郎と再婚した。初代最高裁長官の三淵忠彦の息子である。本書では、混乱を避けるため彼女の名字を三淵で統一したが、彼女は再婚までは前の夫の姓である「和田嘉子」として裁判官を務めている。

裁判官である三淵嘉子もまた、市井の人々と同じように、戦争によるつらい経験から立ち直り、再婚して新しい生活を送り始めていた。経済成長の中で日に日に豊かになっていく暮らしは、すでに日常になっていたはずである。

それでも、あの戦争から二〇年も経っていない。判決の末尾に書かれた感情の込められたあの文章は、戦争を経験した多くの人たちの実感でもあり、代弁でもあったのだろう。

彼女は、この判決を最後に東京家裁に腰を落ち着ける。四八歳の時であった。

五　「少年友の会」発足

昭和二六年に東京家裁の職員になった後藤卓也は、昭和三〇年代に三淵嘉子の少年部で書記官をしていた。後藤は審判での彼女の言葉に、何度も感銘を受けたと話している。

「三淵さんの審判で印象深いのは、説諭です。どうして少年が少年院送りになったのか、あるいは保護観察になったのか、目の前に座っている少年や保護者に、分かりやすく丁寧に説明するのです。

試験観察の結果、自力での立ち直りが可能だと判断して、不処分の決定を出したことがありました。その時も『君は、自分の力で立ち直ることができる。一生懸命にやりなさい』と噛んで含めるように、何度も語りかけました。その言葉に少年は涙を流しました。私も横で聞いていて、その心情の込もった言葉に、涙を流しました。審判の部屋の中にいる人たちは、みんな涙です。感動的な光景で、今も忘れられません」

後藤は少年部で勤務していた中でも、三淵を裁判官としてもっともすぐれた人だと感じている。裁判官は基本的にみんな優秀だが、その反面、自らの感情を抑制する習性から抜けきれない人が少なくない。それは裁判官に必要な要素であるが、同時に冷たい印象も与えることになる。

後藤は時代が新しくなるほど、家庭裁判所でもこうした事務的な対応をする裁判官が増えていったと話す。これに対して三淵は、審判でも自らの喜怒哀楽を隠さなかった。廷内でも、うれしければ声を出して笑い、悲しければハンカチで目頭を押さえた。そして何よりも、少年審判の持つ教育的機能を大切にしていた。

別の職員の回想では、三淵が審判の机から身を乗り出して、少年に「つらいのは分かる。しかし、ここで頑張らないと、あなたは一生ダメになるわよ」と語りかけることも珍しくなかったという。

書記官だった後藤は、三淵の審判に少年が不服を申し立てる「抗告」を受け付けた記憶が、ほとんどない。少年を納得させた結果であり、それが彼女の優秀さの証拠であったと話す。

糟谷忠男は、試験観察中の少年の様子を見るため、三淵とともにたびたび横浜市の補導委託先「仏教慈徳学園」を訪ねている。

糟谷によると、三淵はいつも駅前で大量の肉を買い、それを抱えて施設を訪ねた。少年へのお土産であれば本とか文房具が一般的だろう。大量の肉というところに、少年におなかいっぱいになってもらいたいという、三淵の母親らしい一面が見える。また、経済的に苦しい委託先の施設に、少しでも援助したいという配慮もあった。

そもそも少年を家庭裁判所から施設に送る時にも着替えはなく、中にはサンダル履きのままの子どももいた。

裁判所には、少年の身の回りの生活用品を補うという名目の費用はない。時には裁判官や調査官が、自費で品物を買い与える状態だった。昭和四〇年代初めの補導委託費は、一日わずか四〇〇円ほどだったという。補導委託先は多くが民間の施設で、深刻な資金難である。このため少年を引き受けた委託先も、食べさせることが精いっぱいで、充分な生活用品を買い与えることができなかった。

その頃、東京家裁の菊地和典調査官が、留学先のイギリスから帰国した。菊地は内藤頼博から英語を教わった、家裁調査官研修所の一期生である。

菊地はイギリスの少年裁判所に、婦人民間奉仕サービスというボランティア運動があることを三淵らに説明した。また、少年裁判所には小銭を寄付する「プア・ボックス」と呼ばれる小箱が置かれている。この箱が、少年に必要な旅費や食事代、衣服代などを貸し出す財源になっていた。

菊地から話を聞いた三淵は、所長の内藤頼博にボランティア組織の設置を相談した。内藤も同じ問題意識を持っており、三淵の話を「よいチャンスだ」と思った。

内藤と三淵は、昭和四一（一九六六）年に「少年友の会」という団体を作った。裁判所がボランティア団体を作るのは、異例である。

最初の会員は三淵と同期の久米愛、後輩の野田愛子、元最高裁家庭局第三課長で弁護士の内藤文質など、家庭裁判所発足以来のつながりの深い人々が多い。

「少年友の会」は東京家裁の中に事務局を置き、会費や寄付のほか、定期的に裁判所のロビーなどでバザーを開いている。収益金で日用品を購入し、補導委託先に配布する活動を始めた。後には少年の付添人を務めたり、少年たちと清掃作業をしたりと、活動の幅を広げていった。

家庭裁判所の外では、少年に対する社会の強い逆風が吹き続けていた。厳罰化を求める声は絶えず聞かれた。だが、現場ではまだ、創設当時の理想主義は息づいていた。家裁の人々は少年をよくするためには何が必要かを考え、行政や執行機関など外部の機関や研究者とも連携していた。

裁判官が学校や少年院などに呼ばれ、講演をすることも多かった。少年審判所時代からのあるベテラン裁判官は、手品が得意で子どもたちに人気だった。人形を使った腹話術が得意な裁判官もいた。少年院でギターを弾きながら歌を唄う裁判官もいて、多くが審判後も少年たちとのふれ合いや、教育的な働きかけを大切にしていた。

「少年友の会」の活動は次第に全国に広がっていく。

東京家裁に続いて、各地の家庭裁判所に会が作られるようになったのだ。四〇年後の平成二一（二〇〇九）年には全国すべての家裁所在地に「少年友の会」ができ、全国連絡会も設けられた。メンバーは現役の調停委員や家裁の元職員など、裁判所に関わりの深い人が多い。

かつて宇田川がＢＢＳを作ったように、内藤と三淵らが中心になって設立した「少年友の会」も、長い時間をかけて全国に浸透していった。

六　真っ向からの反論

最高裁判所では毎週、三つの会議が開かれる。

月曜日は事務総局の課長が出席する「審査室会議」。火曜日は局長が出席する「事務総局会議」。そして水曜日は最高裁判事が出席する「裁判官会議」である。

議題によっては階段を一つずつ上るように、月曜日で話し合った結果が火曜日、そして水曜日へと持ち上がっていく。

最高裁は内部統制の強い組織である。三つの会議の影響力は強い。特に一五人の最高裁判事が出席する水曜日の裁判官会議は、ここで決められた内容が、時に「統一見解」となって全国の裁判所へ広がっていく。

一番最初の「審査室会議」は各局からそれぞれの筆頭課長、つまり第一課長が出席する。ただ、昭和三九年から四〇年の初めまで、家庭局から出席していたのは、第三課長の栗原平八郎だった。

ほかの課長は全員、三期から四期も先輩である。長崎家裁から上京して間がない栗原には肩身が狭い。ただでさえ家庭局は後発で発言力が弱かった。もちろん、ほかの課長は家庭局の裾分一立が病気休職中であることを知っている。このため後輩の栗原にも温かく接してくれたという。

法務省から少年法年齢引き下げの「試案」が示されて、間もない時期だった。栗原はこの審査室会議の席で、遠慮がちに発言を求めた。

「法務省の試案に対して、最高裁として反論を作らなければなりません。その元になる資料を作成しようと思うんです」

栗原は法務省が法改正に向けた地ならしを進める中で、遠くない時期に、最高裁も試案に対する態度を、決めなければならなくなると考えていた。資料の作成にも予算が伴う。

出席していた各局の課長から異論はなかった。

栗原はさっそく資料作りに取りかかった。元になるデータは、部下が集め始めていた。法務省が少年法の改正を検討していることは何度も新聞に報じられているが、彼が会議で法務省に見せられた「試案」そのものは、まだ公開されていない。栗原は作業を急いだ。

裁判所と法務検察の間には、この当時、現在よりも頻繁な人事交流が行われていた。法務省や検察庁から裁判官として異動してくる者がいる一方で、裁判所から法務省に出向する者も定期的にいた。彼らによって互いの組織の情報はかなり「抜けて」いたという。このため栗原はできるだけ目立たぬよう、自分と部下だけで少年事件のデータを集めていった。

昭和四〇年七月には、病気から復帰した裾分課長が、広島高裁に異動した。裾分は岡山の出身で、郷里に近い裁判所で健康を取り戻すようにとの配慮からであった。

通常は栗原がそのまま第一課長にスライドするのだが、少年法改正の問題がくすぶり続ける中で、彼は第三課長に留任した。

裾分を見送ったばかりの七月二九日に、再び社会を驚愕させる事件が起きる。

神奈川県の松林で、警察官が一八歳の少年にライフル銃で殺害され、けん銃や警察手帳などを奪われたのである。少年は別の警察官にも発砲しけがを負わせる。さらに少年は、検問から逃げ回った上、東京・渋谷の銃砲店に立てこもって渋谷の街へライフル銃を乱射。取り囲んだ警察と銃撃戦を繰り広げるという信じられない事件を引き起こした。

――これはまずい……。

資料を作成中の栗原は、事件を知って舌打ちした。しかも少年は一八歳である。年齢引き下げを主張する政治家などは、この事件を「少年非行の凶悪化」の宣伝に使うであろう。

銃撃戦によって近くを走る山手線はストップし、テレビは少年が従業員を人質に立てこもった渋谷の銃砲店を生中継した。少年と警官隊による撃ち合いが続き、警察官や報道関係者など一六人が流れ弾でけがをした。

最終的に少年は警官隊によって取り押さえられた。後に死刑が確定する。

この時期の栗原は、朝起きて朝刊を開くのがつらかったという。「少年事件が起きていませんように」と祈るような気持ちだった。

この渋谷ライフル銃乱射事件の三年後には、いわゆる「永山事件」が起きている。

一九歳の少年が四人を殺害した連続ピストル射殺事件を受けて、新聞各紙は少年法改正議論をさかんに取り上げた。家庭裁判所への風当たりは、いっそう強まった。

改正をめざす勢力にとっては、ただじっとしているだけで、次々と追い風が吹くようなものである。各紙の世論調査でも、年齢引き下げに賛成の意見が反対を大きく上回っていた。

一〇月になって、栗原の作成していた資料の、第一稿が書き上がった。

タイトルは「最近の少年非行とその対策について——少年法改正をめぐる諸問題」だった。題名は控えめである。全体で九八ページもあり、表やグラフを多用した冊子であった。

——少年のライフル銃乱射事件が世間を震がいさせたことは記憶にまだ新しいところであるが、あのような事件が突発するたびに、少年非行は悪質、凶悪化しているという声が高い。しかし果たして少年非行は悪質化しているであろうか。

栗原は発生したばかりの渋谷の事件を資料に盛り込み、データを使って、少年事件の多発化、凶悪化を否定している。事件数の増加は交通事件が増えていることが最大の要因であること。そして殺人や強盗などの凶悪事件は全体の中ではわずかで、横ばいであることなど、法務省の統計の取り方が、最高裁とは違うことを説明している。

法務省の「年齢引き下げ論」に対しては、こう反論している。

――もし引き下げが実現したとすればどのような結果となるであろうか。第一に少年「前科者」の激増であり、第二にその他の年長非行少年の野放しである。（中略）

これらの少年に対しても現行少年法は、各種の手当を用意しており、実際にも大きな効果を上げているのであるが、年齢引き下げによって、これら手当の道はすべて閉ざされる。起訴されないこうした少年たち、今なら少年院送致その他の強力な手当をすることのできる年長少年たちは、かくして純然たる野放しとなり、悪を重ねて起訴に適するに至るまで、社会は手をこまねいて傍観するほかはなくなるのである。

「年齢引き下げ」論は、その根拠において誤っているばかりでなく、もしこれが実現すればおそるべき事態が発生する。これが少年非行対策の名に値しないことは明らかであろう。

昭和三八年の統計では、被疑者のうち起訴された割合は三三・七％（交通事件を除く）であった。残りは起訴されない。また、ぐ犯少年については、そもそも起訴の対象にならない。

単純に年齢を引き下げると一八歳と一九歳は、七割近くが起訴されずに社会へと戻されて、栗原の表現を借りると「野放し」となる。少年を甘やかすなと言いつつ、実際には厳罰でも指導でも甘やかしでもなく、ただの「放置」であり、年齢を引き下げても治安が悪化するばかりの「おそるべき事態」が発生すると指摘する。

これに対して家庭裁判所はすべての事件を受理し、調査官が一件一件を調べ、たとえ軽い事件でも対処が必要と判断すれば、保護処分を行う。栗原はどちらが少年にとって役立つかは自明だ、と述べている。

最高裁の資料としては、非常に強い表現である。

栗原らしく、法務省の主張に真っ向から反対する論理の組み立てだった。冊子は後に広報資料として一般にも配布された。これがその後、一〇年以上続く少年法改正論争で、反対派の基礎的資料の一つとなる。

七　長官を怒らせる

年が明けて昭和四一年になると、栗原平八郎の元に記者が訪ねてくることが多くなった。法務省から近く少年法改正について正式な発表がありそうだという情報もあった。栗原は記者に質問されると臆することなく自分の意見を述べ、求められるとデータも示した。

「このままでいいのですか」

ある全国紙の記者は、こう栗原に助言した。

「法務省は着々と宣伝をしていますよ。やはり裁判所の意見をPRすべきではないですか」

昭和三九年版の「犯罪白書」には「行為の粗暴化と非行年齢の低下」と題して、少年犯罪のうち、恐喝や暴行が急増していることを指数で示している。一方で家庭裁判所の少年審判を項目を立てて分析し、「不開始が極めて多い」「終局決定まで時間がかかっている」などと、批判を展開している。

これに対して、栗原ら最高裁家庭局が作った資料は、まだ手元にとどまり、公表されていない。

「最高裁の立場を説明するなら、会見の場は設けますよ」

記者の言葉に、栗原の心は動いた。あの資料を各社に配って、年齢引き下げが犯罪の防止にも、厳罰化にもならないと考えていることを、知ってもらおう、と考えたのである。

二月七日。栗原は法務省の記者クラブで会見を開いた。

そこで一〇〇ページ近い冊子を広報用資料として配布し、各社に説明した。裁判所が少年法の改正問題について会見を開くのは初めて。しかも説明者は最高裁家庭局の担当課長である。

各社は熱心に質問し、栗原はできるだけ丁寧に説明した。質疑は長時間に及んだ。これで各社はこれから記事を書く時には、こちらの思いも理解してくれるだろう、と安堵した。

だが、栗原が驚いたのは、翌朝である。

各新聞がその会見内容を、大々的に取り上げたのだ。

例えば読売新聞は一面と二面の書き分けであった。一面には「〝凶悪犯、多くはない〟法務省案と強く対立」という見出しをつけた。

記事には「少年法改正について最高裁側が、対外的に今までの沈黙を初めて破り、意見と立場を明らかにしたものであり、法務省の改正案に真っ向から反対、『法務省案は科学を無視している』と極めて厳しい調子で批判しているため、司法界をはじめ、政治、社会、教育など各方面に激しい論争をまき起こすものとみられる」と記している。二面には栗原が作った資料の要旨を掲載。「検察排除は不当」という法務省の反論コメントまで掲載している。

各社とすれば、法務省の攻勢に対し、今まで公には反対の姿勢を示さなかった最高裁が、ついに会見の場で、反対を明言したのである。加えて栗原の文章や発言は、切れ味が鋭い。法務省の主張をことごとく否定し、それが「法務省vs最高裁」というある意味分かりやすい構図を示したのだった。

さらに、栗原の会見が裁判所の中にある「司法記者クラブ」ではなく、法務省の中にある「法曹記者クラブ」で行ったことも波紋の要因となった。栗原は記者がお膳立てしてくれた場所に出向いただけなのだが、法務省としては最高裁家庭局の課長が、わざわざ自分の敷地に乗り込んで会見で反対の論陣を張ったことが、対立をあおる行為と映ったのである。

新聞を読んだ栗原は、慌てて最高裁に出勤した。

すぐに家庭局長の細江秀雄を捜した。だが、局長室にはいない。長官の横田喜三郎に呼び出されているという。長官室の前室に駆けつけると、細江が深刻な顔つきで部屋から出てきたところだった。

「長官が、お怒りだ」

細江はやや青ざめていた。
「広報資料の内容をご理解いただけなかったのですか」
「お怒りなのは広報の方法だ。了解なしに公表したということに、ひどく立腹されている」

前日の会見とこの叱責は、栗原の長い裁判官人生の中でも、忘れられない記憶であるという。確かに三〇代の課長が最高裁長官を怒らせる機会は、なかなかないだろう。しかも長く続く最高裁と法務省の対立は、栗原の会見が事実上開戦を告げる最初の砲弾となったのである。

今回の取材に対し、栗原は独自の判断で会見したことについて、一切の自己弁護を行わなかった。当時の気持ちを訊いたところ、いやあ、困ったよねえ、とにこにこしている。

それにしても、なぜ会見を開くことを、事前に長官の耳に入れなかったのだろうか。栗原が作った資料も月曜の審査室会議と火曜の事務総局会議では了解を得ていたのに、水曜の裁判官会議にはなぜ議題になっていなかったのか。

どこで止められたのか、栗原には分からないという。
「ただ、申しわけないことをしたのは、局長の細江さんです。細江さんは優しいから、部屋を出てきた時にも、私に一言も文句を言いませんでした。それにもしも裾分さんがいてくれたら、経験のない私が突っ走ることがないよう、もっと私にも助言をしてくれたはずです」

一方で栗原は、細江から長官の叱責の内容を聞いて、光明も見いだしている。
「お叱りの内容を聞いて分かったのは、長官が家庭局の資料の内容に反対したのではない、ということです。自分の了解なしに広報したことが問題だったわけで、内容はきっと理解してくれるはずと思いました」

長官の叱責は、もう一つ思わぬ効果ももたらした。

前述の通り、最高裁と法務省はそれぞれ人材を送り込んで、互いに情報収集を行っている。栗原の会見の翌日、最高裁長官が家庭局長を呼びつけて叱責したという話も、あっという間に法務省に筒抜けとなった。

その結果、法務省は「最高裁の中では家庭局だけが反対している。長官は少年法改正を了承してくれそうだ」と受け止めた。これは栗原自身が、後に当時の法務省幹部から直接聞いている。

結果としてこの叱責は、法務省に対して煙幕を張る効果を与えたのである。

再び課長たちが集まって開かれた審査室会議で、各局の課長は栗原を擁護した。特に刑事局の第一課長は「少年法の基本理念を変更するような法改正は良くない」と明言してくれた。

翌日の事務総局会議でも事務総長の岸盛一が議論をリードし、「改正反対」で取りまとめた。岸に対しては、東京家裁所長の内藤頼博も、少年法改正に反対するよう働きかけている。内藤と岸は、ともにかつての「さつき会」の仲間であった。

同じ頃、宇田川潤四郎も、京都から最高裁に上がってきた。

「苦労かけるな」

宇田川は家庭局に顔を出すと、栗原をそう慰労した。そして厳しい口調でこう続けた。

「検察官先議、これだけは絶対にダメだぞ。これを変えてしまうと、すべての非行事件を家裁送致にした、少年法の原点が崩れてしまう」

昭和四一年四月二七日。最高裁で裁判官会議が開かれた。

大審院時代の建物を修復した最高裁は、中央付近に裁判官の会議室があった。室内には大きな円卓が置かれ、長官を含む一五人の裁判官がぐるりと座っている。事務総局から参加できるのは、事務総長と事務次長、そして壁際の椅子には各局長が座り待機する。彼らは説明要員であり、議論に加わることはできない。

ここでいよいよ、栗原の作った資料を最高裁全体の意見とするかどうかが検討されたのである。第三課長の栗原は部屋にも近づけない。朝から自分の席で待っていた。

——これがダメだったら、家庭裁判所はどうなってしまうのかなあ。

何度もそのことを考え、仕事が手につかなかった。

何分くらい経ったのか、栗原は覚えていない。思ったよりも早く、局長の細江が家庭局に戻ってきた。

「すんなり、いったよ」

細江は笑顔でそう言った。栗原は、その言葉を聞いて、全身から、力が抜けた。

この日最高裁は、法務省の少年法改正構想に反対する意思を、内部で統一したのである。

八　「首を絞められてじっとはしない」

一か月後の五月二三日。

法務省は正式に「少年法改正に関する構想」を発表する。このうち「青少年法の構想」は次のような内容であった。

一　年齢区分

「一八歳未満」を少年とし、「一八歳以上二三歳未満程度」を青年とし、「二三歳程度以上」を成人とする。

二　捜査に関する手続

(一)　少年に対する手続は、現行法通りとする。

(二)　青年に対する手続

1　原則として刑事訴訟法の規定による。

2　検察官は、青年を保護処分に付するのが相当であると認める時は、家庭裁判所に保護処分を請求することができる。

3　したがって、青年に対する検察官の処分は、次のとおりとなる。

（1）公訴提起
（2）保護処分請求
（3）不起訴

発表された構想は、栗原に示した「試案」とほぼ同じであった。

法務省は同時期に、いわゆる解説資料として「少年法改正はいかにあるべきか」というタイトルの説明書も発表している。A5版で二三〇ページあり、一〇〇に上る統計表を用いていた。力の入れ具合が分かる。その詳細な説明書の冒頭、目次の次の「まえがき」には、いきなり次の文章がある。

——興隆する国家民族の中心をなすものは、つねに青少年の力であり、その健全な育成を図ることは、世の親の願いであるとともに、国家社会に課せられた責務である。

戦前と見まがう言葉が並ぶ。こうした文言が、敗戦からわずか二〇年あまりで、行政文書に再び姿を見せるようになっていたのだ。

家裁OBの一人は「この一文に、戦前回帰を望む勢力の本音がある」と批判する。これに対しある法務省OBは、省内全体がこうした空気だったわけではないと否定する。おそらくどちらも正しいのだと思われる。ただし、少なくとも一部の幹部に、少年法改正の目的として、少年を国家のための人材と位置づけた時代へと戻そうとする狙いがあったことは、この一文から透けて見える。

法務省が構想を発表した三日後に、最高裁事務総長の岸盛一と家庭局長の細江秀雄は参議院の法務委員会に呼ばれた。課長の栗原平八郎も同行した。

参議院での質問者は社会党の稲葉誠一。稲葉は元検事の弁護士である。稲葉は法務省が発表した「少年法改正に関する構想」に対し、最高裁が栗原の作った資料で反対している点を質問した。主に答弁したのは事務総長の岸である。栗原は後ろで立ったまま、はらはらしながら岸の答弁を聞いていた。

稲葉は挑発するように、こう質問した。

「結局、何かやろうと思っても、法務省の言うことをある程度聞いていかないと自分たちのいろんな面で不利になる——と言うと言葉は悪いのですけれども、そういう面が現実にあって、結局法務省の案には裁判所側はあまり強く反対できないというのが現実の姿であって、そういう点から下部には非常な不満があるのではないかと思うわけですね」

最高裁はどうせ法務省に強く反対できまいという言葉である。

いつもは冷静な岸が、語気を強めた。

「裁判所が押しまくられたのじゃないかという御懸念なんですけれども、そういうことでは決してございません。それは事のいきさつから申しましても、初めてちょうだいした構想であり、まだ内容も充分検討しておりませんので、しょっぱなから法務省とディスカッションする、そういう段階でもございません」

さらに、岸はこう続けた。

「決して法務省に首を締められて裁判所がじっとしておるというようなことではございません」

後ろで聞いていた栗原は、岸の思い切った言葉に、胸が熱くなった。

九　「ゴールト判決」

アメリカ南西部のアリゾナ州。その中心付近に、ヒラ郡という小さな町があった。

一九六四年六月八日午前一〇時頃。この町に暮らす一五歳の少年は、保安官によって身柄を拘束された。隣の婦人に下品でひわいな電話をかけたという理由だった。

事件としては「いたずら電話」である。それが少年の名から「ゴールト判決」と命名され、全米はもちろん海を越えて日本でも大きな影響を与えることとなった。

少年裁判所は審判の結果「二一歳まで施設に収容する」という決定を出した。一五歳だったから収容期間は最大六年間に及ぶことになる。だが、いたずら電話で六年間収容するのは明らかに重い。大人であれば五ドルから五〇ドルの罰金、もしくは二か月以下の懲役にすぎない。

少年の両親は連邦最高裁に、特別抗告を申し立てた。

決定内容によると、少年の逮捕について両親には何も告げられず、被害者である婦人への尋問もなく、少年本人に対しても、観護所へ収容した理由の説明がなかった。

こうしたことから連邦最高裁は、少年審判でも非行事実の事前告知や弁護人選任権、黙秘権の告知などが保障されなければならないと判断し、審理を差し戻したのである。

一九世紀末にアメリカに少年裁判所ができた当初は、国が親の立場で少年を保護し更生させるという理念があった。「国親思想」と呼ばれる。だが、この決定で連邦最高裁はいきすぎた国親思想を否定し、少年審判にも「適正手続」(デュープロセス)を保障すべきという判断を行った。

日本の少年法も、GHQの強い指導のもとで作られた。家庭裁判所も宇田川潤四郎や内藤頼博らが、アメリカを手本にした以上、国が親代わりを務めるという国親思想の意識は強い。家裁の処遇の決定も、国親思想とも結び付く「パターナリズム」(父権主義とも訳される)が、大きな根拠の一つになっている。

しかも日本の場合、焼け跡に立ち尽くす戦災孤児たちをどうやって救うかがスタートラインであった。本人の利益のため、少年に強制を加えることは必要であり「正当なパターナリズム」とされていた。

だが、アメリカの方針転換は、日本の研究者の間でも議論を呼ぶ。その中で「ゴールト判決」を利用したのが、法務省だった。適正手続の保障を、少年法を改正する理論として使ったのである。

――ゴールト判決は国親思想に対する厳しい批判である。

――国親思想は、法制度の基本理念ではない。

一方で研究者の間からは、こうした主張を否定する論文も相次いだ。

その代表が、東京大学教授の団藤重光である。団藤は家庭裁判所の設立からこれまでを見ており、宇田川や森田宗一と交流がある。彼は「適正手続は国親思想やパターナリズムを相互に補完する概念であって、否定につながってはならない」と指摘した。団藤は日本で両者が二者択一でも対立する概念でもなく、両立する概念であると提唱した。ほかの研究者も、適正手続の保障は広義の国親思想を否定するものではないという意見が多数となる。

だが法務省はその後も、少年審判のありかたについて「パターナリズムか適正手続か」という二者択一論を繰り返し持ち出している。そして今日もなお、「パターナリズムはもう古い」と平気で言う者が一部にいることは、残念というほかない。

一〇　もう一つの東大裁判

昭和四四年一月。東京大学の安田講堂を、全共闘の学生などが占拠し、立てこもった。テレビには火炎瓶を投げる学生らと、催涙弾を発射する機動隊の姿が映し出された。警察は学生たちの激しい抵抗に合いながら封鎖を解除し、六〇〇人あまりを検挙した。

東大安田講堂事件と呼ばれている。

この年の五月二七日から、起訴された学生などの裁判が、東京地裁で行われることとなった。だが、それが新たな混乱を引き起こす。

被告や弁護団は、全員を一堂に集めて裁判を開くよう要請した。そのようなことは、物理的に不可能である。裁判所は要求を拒否した。すると被告たちは「法廷闘争」を始めたのである。毎日新聞で長く司法記者を務めた山本祐司は、著書で当時の様子をこう記している。

――「分割裁判を粉砕するぞ！」と早朝から始まった被告の鉄格子越しのシュプレヒコールが塀の高い建物全体に広がり、初公判を告げられた被告たちは実力で法廷へ連れ出されないように、独房内で衣服を脱ぎ全裸になってしまったのだ。

そして便器にしがみついて、連行しようとする看守たちと激しいもみ合いになった。「早く着物を着ろ」「うるせえ」と怒鳴り合う看守と学生被告。とっさに衣類を独房内の洗面所の中で水浸しにする被告たち。

この裸戦術は拘置中の女子学生にまで及び、彼女たちは上半身裸になって抵抗した。（中略）

裁判官と検察官と弁護士は法廷にそろっても、肝心の被告席はガランとしている東大裁判。裁判官と弁護団の論争が始まり、ぎっしり満員の傍聴席から起こる「ナンセンス！」の野次、怒号。機動隊による傍聴人全員の排除、なおも抗議を続ける弁護士には東京拘置所に拘束する監置処分――これらが被告不在の法廷で繰り広げられているのである。

裁判所全体が異様な空気に包まれていた。

傍聴席では若者たちが「インターナショナル」を唄い、機動隊が出動して、法廷は怒号と悲鳴が飛び交った。法廷の秩序も何もあったものではなかった。地裁の混乱は傍聴する記者によって詳細に報じられ、対立はさらに深まった。

だが、同じ東大安田講堂事件でも、まったく報じられないまま、刑事裁判とは別に、静かな審理が続けられた場所もある。

それが、わずか数百メートル離れた東京家裁だった。

大学生の中には、一八歳、一九歳の少年も多く含まれている。未成年のため一二六人が家裁に送られてきたのである。大量の少年に東京家裁は大忙しになった。七二人に観護措置を行い、所長の内藤頼博も、自ら四人の少年審判を担当している。

警察の取調べでは、かたくなに黙秘を続けていた少年たちだが、鑑別所で調査官と接するうち、多くは素直に事実を述べるようになっていた。彼らの多くは、親身に話を聞く調査官たちが、自分の将来を考えてくれる存在だと気づいたのである。また鑑別所や家庭裁判所はすべて非公開で傍聴人もいない。外に虚勢を張ることも、アピールする必要もない。少年たちの多くは、静かで落ち着いた雰囲気の中、徐々に年相応の子どもらしさを取り戻していった。

内藤はこの少年審判の様子を、詳細に書き残している。一般には知られていない貴重な記録である。少年の一人は、ほかの学生と共謀して警察官に石やコンクリートの塊、火炎瓶などを投げ付けたという非行事実であった。審判には両親も関西から上京して同席し、付添人の弁護士もついていた。始まった審判では、内藤が非行事実について少年に尋ねている間、横に座っている母親が泣き続けていた。その様子に少年も泣き出した。

発言を求められた少年は「自分のしたことは軽率だった。落ち着いて静かに考えてみたい。もう大学紛争には巻き込まれたくない」と話した。

内藤は幾度も、厳しい言葉で少年に問いただしている。自分の行動に対する責任を自覚させようとした。

下宿は両親が引き払い、目の届くところから通学させるという。本人もおとなしく同意した。内藤は調査官や付添人弁護士の意見を聞いた結果、この少年に「不処分」の決定を出している。

同じ時期、東京家裁の少年部にいた糟谷忠男も、同じような経験をしている。彼が担当したケースでは、審判に警察官を呼んで尋問することになったが、当の少年が黙秘していた。少年が何も言わないため、付添人弁護士が反対尋問もできない。

糟谷は、少年に優しく語りかけた。

「あのね。黙秘権というのはね、自分の権利を守るためにあるんだよ。だから、警察官に違うことは違うっていいなさいよ。ここは大丈夫なんだよ。遠慮しなくていいんだ」

少年は、じっと糟谷を見ていたが、やがてうなづいた。糟谷はその日の審判を終わらせ、弁護士とよく話し合うように勧めた。

次の期日から、少年は素直に話をするようになった。糟谷は家庭裁判所の少年審判が東京地裁の「荒れた法廷」とはほど遠く、静かで穏やかだったと振り返る。

「少年審判は非公開です。ヤジる傍聴人もおらず、少年も弁護士も虚勢を張る必要はない。そして裁判官も弁護士も両親も調査官も、みんなで少年をどうするのが一番良いかを考えている。検察官はいないので、刑事裁判のように対立した構造はどこにもない。だから少年は、部屋の中にいる全員が、自分のことを考えていると気づく。そして、素直になるのです」

当時の糟谷は、審判を開きながら「もし少年法の対象年齢が引き下げられたら、彼らはどうなってしまうのか」と考えずにはいられなかった。

家庭裁判所ではなく傍聴人で埋まった地裁の法廷で、刑事裁判を受けることになれば、精神的に幼い彼らも先輩たちに扇動され、裸になって抵抗を続けたかもしれない。また、法廷で自分に不利になる黙秘を続けたとしても、地裁の裁判官は、「喋ってもいいんだよ」などと助言しないだろう。もしそんなことをすれば、すぐに傍聴席から大声で批判される。

だが、そうして結果的に有罪になり「前科」が付いてしまえば、就職もできず、将来を閉ざしてしまうかもしれない。

同じ東大安田講堂事件でも、静かで充実した家庭裁判所の審判は、非公開だけに外部からうかがい知ることはできない。新聞やテレビで報じられるのは、傍聴席で記者が見聞きした、怒号飛び交う、地裁の「荒れる法廷」ばかりである。

内藤の記録によれば、彼が担当した四人の少年に対し、警察の処遇意見は全員「厳重処分」、検察は全員「刑事処分相当」であった。だが内藤は、調査官による詳細な調査や審判の結果、親や学校の元で立ち直ることができると判断して、四人全員に「不処分」の決定を出した。

警察や検察から見れば、自分たちの意見を家庭裁判所が無視したと映っただろう。特に所長である内藤が自ら不処分を連発したことは、捜査当局の不満を高めたはずである。

この事件は、少年法改正をめぐって対立を続ける家庭裁判所と法務省の溝を、さらに深める結果にもなった。

一一　宇田川の遺言

宇田川潤四郎は、昭和四四年の夏に東大病院に入院して手術を受けた。大腸がんであった。

京都家裁所長の時から下血が続いていた。体調も明らかに良くない。だが本人は「痔だよ」となかなか病院に行かなかった。四男の博通によると、病名は宇田川本人に知らされていなかったという。

宇田川はその後、内藤頼博の後任として東京家裁の所長に就任した。しかし、彼の体調は回復しなかった。以前の快活な性格を知る部下たちは、宇田川の元気のない姿に驚いている。所長の仕事も休みがちで、九月には再手術を行った。すでに肝臓にも転移し、二度目の手術時には手の施しようがない状態だった。

昭和四五（一九七〇）年四月には、オランダのベアトリック王女が東京家裁を訪問した。所長である宇田川は裁判所に出勤して王女を出迎え、正午すぎに見送った。家庭裁判所の玄関に立つ足元はふらつき、明らかに様子がおかしい。熱を計ると八度五分あった。

宇田川は早退し、そのまま二度と、登庁することはできなかった。

少年法の改正は、法制審議会で検討されることになった。

法制審議会は、法務大臣の諮問を受けて、法律に関する基本的な内容を検討する組織である。

研究者に加え、裁判所、検察庁、日本弁護士連合会などから実務家が委員として加わるほか、一般有識者も選ばれ、法改正の必要性や方向性を議論する。一般的には、そこで出された答申を受けて、法務省が法律の改正案を作成するという経過をたどる。

六月一八日に法務大臣から法制審議会に対し、「少年法改正要綱」が諮問された。ついに、少年法は改正に向けて、動き出したのである。

法務省の「要綱」にはこう記されている。

第一　青年層の設置

1（年齢区分）

少年法における少年の範囲を改め、一八歳に満たない者を「少年」とし、満一八歳以上二〇歳未満の者を「青年」とすること。

2（手続の大綱）

少年の事件についての手続の大綱は、おおむね、現行少年法の通りとし、青年の事件についての手続の大綱は、刑事訴訟法その他一般の規定によるものとすること。

昭和四一年に発表された「構想」の第一案では「青年」は一八歳から二三歳未満程度だったが、今回は一八歳から二〇歳未満にしている。また「構想」では、「青年」を刑事手続にするか保護手続にするかを検察官が選べることになっていたが、「要綱」ではすべて刑事手続に乗せるとしていた。さらには全件送致主義も改めている。検察官に「青年」の起訴、不起訴や、「少年」の家庭裁判所送致、不送致の選択権を与えている。研究者からは「構想段階よりもさらに保護手続が後退し、治安維持の色がいっそう濃い」と批判の声があがった。

この「要綱」が諮問された同じ日。

所長である宇田川潤四郎の名で、東京家裁による一通の「決議文」が作られている。

前年、最高裁長官に就任したばかりの、石田和外に宛てたものだった。今回現物を入手した。

そこには、決議の内容が次のように記されている。


――我々東京家庭裁判所の裁判官一同は、日々少年審判の実務を担当している経験と良心に基づき、本要綱が企図する少年法の根本的改正には、別紙の理由によりとうてい賛成することができない。


法務省の改正要綱に対する真っ向からの反対意見であった。

宇田川は、すでに衰弱して執務はできない。だが、当時の部下の回想によると、法務省の「要綱」を読んだ宇田川は、悲痛な声でこう叫んでいる。

「おそるべき破壊案、現場の実務を知らない人の観念的机上論」

この「要綱」が実現すれば、自分が二〇年間心血を注いだ家庭裁判所が、根本から崩されてしまうと思ったのだろう。

決議文は、Ｂ５の冊子で一二ページにわたる。宇田川に全文を書く力は残っていない。最初に起案したのは、当時東京家裁の少年部にいた守屋克彦であった。おそらく宇田川は文章を手直しをした程度だったと推測される。

書かれている内容は、今もまったく古びていない。

――そもそも、一八、九歳の少年といえば、我が国の社会では高校卒業の前後の時期にある子弟であるが、まだ心身の発達の調和を遂げるに至らず、精神はかえって多分に不安定であり、社会性は未熟であるのに、遊学あるいは就職によって、初めて社会に独り歩きを始めたところである。

――最近における少年犯罪は、年長少年とその余の少年とを問わず、ようやく減少の傾向を示している。これは、わが国のため誠によろこばしいことであり、この機会に現行少年保護制度を、ますます充実発展させることこそが、少年の犯罪を防止し、その健全な育成を図る最善の方策であると、われわれは確信する。

このような少年事件のすう勢にもかかわらず、なにゆえに、さほどまでに問題の多い改正を急ぐ必要があるのか。我々は、その真意を理解することができない。

注目すべきは、決議文に書かれた内容だけではない。

法制審議会に提出された「要綱」に対し、現場の裁判官たちが反対の声をあげ、所長とともに決議文を作り、諮問と同じ日に、最高裁長官に提出したことにもある。

それは、家庭裁判所の自由さが、この時点において、まだ残っていたことの証明でもある。

決議文から一月後の七月下旬。

三淵嘉子と糟谷忠男は、品川にあった宇田川の自宅官舎を訪ねた。

三淵は法制審議会少年法部会の委員に選ばれていた。家庭裁判所の裁判官の代表という役割である。糟谷も委員を補佐する幹事に就任した。宇田川の教えを受け、家裁の充実に力を尽くした二人が、法制審議会のメンバーに加わることになった。

第一回の会合は七月二四日に行われることが決まっていた。少年法改正をめぐる議論が、まさに始まろうとしていた。二人はその前に宇田川へ挨拶をするため訪問したのである。宇田川は二度目の手術の後、自宅に戻り、家族の介護を受けていた。

糟谷によると、病床の宇田川は、すでに呼吸も苦しげな様子だった。だが、二人を枕元に呼び寄せ、途切れ途切れに、こう言った。

「自分は少年法改正のこと、家庭裁判所の将来が心配で、死んでも死にきれない」

三淵と糟谷は、涙を流した。

宇田川は、振り絞るように言葉を続けた。

「どうか、後のことを、よろしく頼む」

そして手を伸ばして、二人の手を、代わる代わる握った。

その十日あまり後、昭和四五年八月四日の朝に、「家庭裁判所の父」と呼ばれた宇田川潤四郎は、息を引き取った。

六三歳の生涯だった。

第五章　闘う家裁

一　再結集した人々

法制審議会少年法部会は委員四八人、幹事四〇人が選任されている。計八八人という大型の部会となった。

委員や幹事に選ばれたのは三淵嘉子や糟谷忠男だけではない。亡くなった宇田川潤四郎の部下だった人たちや、交友のあった人たちが、次々と選任されたのである。

最高裁家庭局初代第三課長の内藤文質。内藤は当時数少ない少年法に精通した弁護士として、日弁連から委員として送り込まれた。

やはり家庭局初代事務官から名古屋大学教授となった柏木千秋。柏木は研究者枠で委員に選ばれた。現役家庭局長の外山四郎。外山は家庭局の局付だった昭和二〇年代に宇田川に命じられ、欧米の履行確保制度を研究している。

最高裁の反対意見を作成した栗原平八郎も幹事となった。栗原はすでに東京地裁に異動していたが、ここまで一連の経緯をもっともよく知るために選ばれている。

東大教授の団藤重光も委員になった。団藤も宇田川や森田宗一と親しく、調査官とも交友があった。さらに研究者では東大教授の松尾浩也と、慶大教授の宮澤浩一が幹事として加わった。二人も『ケース研究』などにたびたび寄稿し、家庭裁判所の人々との交流が深い。

裁判官、弁護士、研究者と立場は違っても、かつての宇田川とともに家庭裁判所の創設やその後の発展に携わった人たちが、ここに再び結集した。彼らは宇田川が、どのような思いで世を去ったのかを知っていた。

ほかにも、委員や幹事には多彩な顔ぶれが選ばれている。

三淵と東京家裁で少年審判を行っていた千葉家裁所長の三井明。司法研修所の刑事教官だった小松正富。日弁連からの委員として、三淵の後輩でともに婦人法律家協会の活動を続けてきた鍛冶千鶴子も選ばれた。

若手からは弁護士の津田玄児や、札幌地裁岩見沢支部から最高裁家庭局局付に赴任した荒井史男が幹事となった。彼らはともに、それぞれの立場から法制審議会の結論を見届け、その後も少年の保護に長く関わり続けることになる。

これに対して、法務省からは少年法の改正を推進してきた事務次官の津田実、刑事局長の辻辰三郎、幹事には刑事局総務課長に異動した安田道夫、安田の後任の青少年課長である木村栄作、参事官の亀山継夫らが名を連ねた。

委員は大きく分けて改正賛成派が法務省、検察庁などのグループ。反対派が裁判所、弁護士、そして家庭裁判所と交流のある研究者のグループに分かれている。ほかに一般有識者として報道関係者や保護司連盟、ＢＢＳ連盟、教育団体などからも委員が就任している。

委員の名簿を見ると、犯罪被害者あるいは遺族が一人も加わっていない。

昭和四〇年代当時は、犯罪被害者や遺族の声を法改正に反映させようという意識は、極めて薄かった。犯罪被害者の支援活動を長年続けている遺族の一人は、「長年、被害者は証拠物のような扱いを受けていた」と語っている。この当時は、少年法の改正に賛成の人たちの中にも、被害者の思いを代弁する人はほとんどいない。いかに被害者が軽視されていたかが分かる。

四八人の委員を数だけで見ると、改正に賛成の立場の委員の方が多かったという。これは審議会の事務局が法務省である以上、当然の構成だろう。法務省がもし最終的に多数決を取れば、数の力で押し切ることが可能になる。

三淵は法制審議会に臨む当時の思いを、「悲壮な気持ちだった」と話している。それは、初めから多数を相手に闘うことを、理解していたからであった。

二　波乱の幕開け

法制審議会は、序盤から大荒れとなった。

事実上の議論がスタートしたのは、昭和四五年一〇月一日に法曹会館で開かれた第二回からだが、いきなり法制審議会に対する「諮問」のあり方をめぐって紛糾したのである。

この「諮問」。この場合は法務大臣から有識者に意見を求めるという意味である。

法制審議会への諮問は、例えば昭和三八年の刑法改正の際には、「刑法に全面的な改正を加える必要があるか、あるとすればその要綱を示されたい」という内容である。

一部の部分的な修正であればともかく、大規模な法改正になる場合、事務局の思惑はあるにせよ「必要があるかどうか」といういわばフラットな形で委員たちに検討を依頼することが、これまで一般的な諮問だとされてきた。

ところが、今回法務省は諮問で「少年法を改正する必要があると思われるので、別紙要綱について意見を承りたい」としている。法制審議会に対して「改正する必要がある」と最初から鋭敏な角度をつけた上、要綱として見直すべき内容まで添えたのである。これが反対する委員や幹事から「法務省は最初から改正ありきだ」と反発を呼んだ。

委員の団藤重光は「頭ごなしの出し方だ」と強く批判し、幹事の宮澤浩一は部会の中で「私にはどうしても納得がいかない」と述べている。

法制審議会少年法部会の議事録が残っている。

膨大で全部をここに書き記すことはできないため、各委員や幹事の発言の一部要旨を、短くまとめて紹介する。最初の時点では賛成派はほとんど口を開いていない。質問する委員や幹事は、法務省の諮問と要綱に強い不満を抱いていた。自然、やりとりはとげとげしい。

内藤文質（元最高裁家庭局第三課長、弁護士）「諮問の仕方についていろいろな意見が出ています。

私は要綱にとらわれないで少年法が制定されてこれまで運用されてきた、そのどこにどういう欠陥があるのかをまず審議してほしい」

団藤重光（東大教授）「私も内藤委員と同じ考えです。どういう背景でこういう諮問をすることになったのか、まずそれを問題とすべきだと思う」

こうした意見に対して、法務省青少年課長の木村は、改正要綱の議論に早く入るよう要請している。

木村栄作（法務省青少年課長）「事務当局として考えますと、まずどういう内容の諮問か、十分認識してもらう必要がある。運用の実態もご認識していただく必要はありますが、まずはどういう内容の諮問であるかを理解してもらいたい」

幹事の糟谷忠男も手を上げた。幹事の席は委員の後ろである。彼は身を乗り出すように立ち上がって声をあげ、多数決で結論を急ぐことなく、要綱の作成に至った背景から時間をかけて議論するようくり返し訴えた。

だが、糟谷の長い発言に、日弁連から選任された委員の布井が、部会長、部会長、と声を上げて遮った。

布井要一（弁護士）「今の幹事の発言は、議事の進行には全然関係ない。まあ、幹事は若いし、それからこういうことにお慣れになっていないので、部会長はそれとなくご制止になるとか、ご指導をいただきたい」

糟谷としては意外であった。日弁連は裁判所と同様に少年法改正に反対していた。それなのに弁護士の委員が、自分の意見を否定することに不満を抱いた。

糟谷忠男（東京家裁判事）「実質審議に入る前に、一応お聞きしておきたいと思うわけであります」

布井「審議にはエチケットがある」

布井は、補佐役の幹事にすぎない糟谷が長々と発言したことを不適切と考えたようだった。部会長の植松が、まあまあ、と取り持った。だが、団藤がすぐ反論する。

団藤「議事の進行の関係ですが、私は布井委員とは全然考え方が違うんであります」

さらに裁判官の小松も続いた。

小松正富（東京地裁判事）「先ほどの糟谷幹事のような発言を、絶対に制限しないようにしていただきたい」

相次ぐ強い調子の言葉に布井は反発する。彼は団藤との間で口論となった。二人の言い争いは激しくなる。ついに布井は立ち上がった。声が怒りで震えている。

布井「私は、私自身本当に白紙でこの会合に臨んでおります。しかし、このとげとげしい司法部内の対立というのは、日本国民にとって、非常に不幸である。私の思いと皆さんの思いが違うようであれば、私はこの席で辞任させてもらう」

彼は居並ぶ委員や幹事がいる中で、部屋を出て行った。

議事録には退席の様子もそのまま記録されている。引用すると、次の通りである。

植松正（部会長）「どうぞちょっとお待ちください。短気を起こさないで……」

布井「私は……（布井委員退席）……言ったら変えない……」

植松「ご趣旨はよく分かりますけれども、どうかお待ちになって……」（布井委員退場）

部会はまだ二回目なのに、いきなり委員が退場しそのまま辞任したのである。前代未聞の出来事に会議室は凍り付いた。

三　長官の激励

議事録を読む限り、この辞任劇の引き金は、糟谷の発言である。補佐役の幹事が長々と発言したことが、委員を辞任させてしまい問題にならなかったのか。今回の取材で、糟谷に過去の議事録を読んでもらったが、彼は涼しい顔である。

「別に誰からも、注意されませんでしたよ」

彼は意図して強く抵抗する発言をしたのだという。

「最高裁から行った委員や幹事は波風を立てる発言はしにくいでしょう。私は裁判所の現場にいるから、ああいう発言も平気なんですよ。まあ、そういう役割です」

第二回の部会で辞任した布井は、日弁連が推薦した委員である。それにもかかわらず会議の席で少年法改正に反対する糟谷の発言を制止して団藤とも対立した上、一方的に委員を辞任したことは、最高裁に「日弁連はどこまで本気で、少年法改正に反対しているのか」と疑念を抱かせる結果となった。ちなみにこの疑念は、数年後に今度は日弁連が最高裁に抱く強い不信とない交ぜになって、深刻な対立へと至る。

この時期、最高裁長官の石田和外は、法務省との対立を容認していた。糟谷は布井が辞任した後、最高裁に出向いた際に石田に呼び止められている。「青年将校」糟谷の武勇伝はすでに知れ渡っている。石田はにやりと笑ってしばらく激励し、最後にこう言ったという。

「糟谷君、慎重にやりなさい。法務省は人の足元をすくいにかかるからな」

石田は保守的言動が強く、激しい非難や攻撃にも正面から立ち向かう性格であった。自民党の信頼は厚い一方、裁判官の青年法律家協会、通称「青法協」への加入の是非をめぐる論争では、厳しい態度を取り続け、批判を浴びている。

その石田と、比較的リベラルな面々が多い家庭裁判所は一見結び付きにくい。だが、彼を知る元最高裁判事の一人は、「むしろ石田さんらしい」と評する。石田は法務省や検察庁に対して、裁判所の優位と独立を信じて疑わないところがあった。実際に法務省の青年層構想を「裁判所の庭に土足で入り込んできた」と烈しい言葉で批判している。

石田は少年法の理念に共鳴したというよりも、法務省の改正要綱が、裁判所の権限を奪おうとしていると受け止め、そこに反発したのだろう。

もう一つの理由は、内藤頼博や宇田川潤四郎との交友である。特に内藤と石田は思想的には異なるが、両者を知るあるOBは、二人が余人には分からない強い信頼関係があったと話している。内藤の長男の頼誼も、石田との交友の深さを証言している。後世の者たちは、思想信条だけで人間関係もひとくくりにしがちであるが、複数の証言から、二人は最高裁発足から長い間、強いつながりを持っていたことが分かる。

また、宇田川が亡くなる一か月前に作成した、少年法改正に反対する東京家裁の「決議文」を受け取ったのも、長官になった石田である。彼は最高裁長官在任中、裁判官の会同などでも少年法改正に反対する態度を終始崩さなかった。自民党にも顔のきく、保守派の長官が反対し続けたことは、法務省にとって誤算だったろう。

糟谷に当時の法制審議会の様子について、さらに訊いた。

彼はここでも、三淵嘉子が大きな役割を果たしたと振り返る。糟谷があげる第一の理由は、意外な点である

「三淵さんは、声が非常にきれいなんですよ」

会議が殺伐としていても、みんな彼女の発言に聞き入ってしまうという。なるほど議事録を読んでも、話は巧みで分かりやすい。

例えば第四回の部会では、三淵は亡くなった宇田川の思い出話をして参加者をしんみりとさせた上で、次のように話をしている。

三淵「私たちが扱った少年の中には、家庭からも社会からも、学校からもはじき出されてしまった少年が多くいます。学校からも何とかして隔離してほしいと言われたり、家庭からも自分たちの手に余るからどうぞ裁判所でお願いしますとか、中には少年院から仮退院します時に、親元が引き取ろうとしないケースがあるんです。

私は別に少年法の精神が国親思想であるのか、あるいは刑事政策的な考えで行うのか、割り切って

はいけないと思っています。社会から疎外された、たった一人の少年の味方は我々だけしかいないという気持ちで、私たちは、調査官とともに、審判を行っているのです。

そういう意味で、私は今の少年法が、本当に少年が非行を犯しても、健全な少年として復帰していく。そのためにあらゆる方法を使って健全な育成を図ろうという少年法の建前を、何としても私たちは、実現したいと考えて、少年事件を取り扱っております」

糟谷は言う。

「こんな風に、ご自身の経験を元にした話を、にこにことしてきれいな声で発言するんです。あの役割は私にはできないんですよ」

確かに「青年将校」糟谷にはできないだろう。三淵はこの時五〇代半ばであったが、丸い笑顔に左頬のえくぼが愛嬌を深め、噛んで含めるように話す。それは審議会のギスギスとした感情を和らげた。三淵が発言すると、法務省側の少年院や検察官の委員や幹事まで、うなづいていたという。委員の中には三淵のことを「菩薩さん」と呼ぶ人までいた。

四　烈しい応酬

法務省側と、裁判所・日弁連の対立は、その後も続く。

翌年の昭和四六（一九七一）年七月に開かれた一一回目の部会では、団藤が口火を切っている。

彼は、年齢が引き下げられた場合の、家庭裁判所の調査官に代わる調査機関について発言している。昭和四一年の「構想」時点では、少年及び青年に「総合的な調査を行う独立の機関」を設けることが記されていたが、諮問に伴う「要綱」には調査機関について記述はない。

団藤「実際問題として、独立の大きな調査機関というものは、なかなか実現できるものではありません。今回の案からは、そういうものは一切抜きになっているのです。そうすると、多少誇張して言うならば、権威主義的な方向が打ち出された上に、調査機関も考えていない。どうも、この基本構想には賛成しかねる点が多いのです」

家庭裁判所の調査官が果たしてきた役割は、多くの専門家に評価されてきた。団藤は仮に年齢を引き下げた場合、一八歳、一九歳の少年に対する調査は、もう行わないつもりかと指摘している。あるいは家裁に代わる調査を、例えば保護観察所が担うのか。もしくは検察や警察に委ねることになるのか。どちらも現状の体制では、家裁の調査官のような充実した調査は難しいだろう。

団藤「やはり、こと青少年に関する限り、なんといっても本人が将来のある人間であるだけに、ただ烙印を押すという形ではなく、将来の改善更生を考えていくというのが本筋であると思うのです。そういう大きな線が、どうも崩れてくる恐れがあるんじゃないでしょうか」

内藤は、法務省が関係機関との十分な協議もないまま、なぜ改正を急ぐのか、改めて法務省に質問している。

内藤「最初からの疑問なんですが、法務省はどうして今回、裁判所側や弁護士側との意見調整をせずに、法制審議会に諮問したのでしょうか。我が国の刑事政策の根本に関わるこの少年法の改正を、このように急ぐ必要があるのでしょうか」

法務省の辻が反論した。

辻辰三郎（法務省刑事局長）「私ども事務当局からしますと、もちろん抜き打ち的に改正要綱を出したわけではありません。それについては裁判所からも、これでいいからという返事はありません。しかし、そもそも少年法の改正は昭和四一年に法務省としての改正の構想を発表しています。私ども法律を立案する立場にある者としましては、関係当局との事務的なご意見がぴったり合わなければ、一歩も改正作業ができないというものではないと思うのです」

内藤「しかし緊急性の焦点がどこにあるのかが分からない」

辻「その点は要綱の説明や私の補足説明で、何回も説明をしていると考えています。なお必要性が理解できないというご意見のようでございますが、これは要するに『見解の相違』ということになると思います」

「ああ。法務省の『見解の相違』という言葉、覚えています」

議事録を読んで糟谷はそう話す。

自身の見解と異なる意見を「見解の相違」と切って捨てる幹部は今もいる。だが、幹事として会議室にいた糟谷によると、このたった一言に多くの委員が反発し、法務省が一気に押されたという。

「この後、京都大学の平場先生の言葉があるでしょう。怒っているんです。平場先生はいつも温厚でした。その先生が怒り出したので、議論の流れが傾いたのです」

確かに議事録には、この次に京大教授の平場安治の発言が続いている。

平場安治（京大教授）「現実の個々の規定の改正に入る段階には、やはり実施各庁との充分な調整を取られて、運営に支障がない状況にされることが適切だろうと思います。しばらく法制審議会を停止して、最高裁判所などと打ち合わせて、もっと具体的な案を審議したらどうですか」

平場から「法制審議会の停止」まで提案され、法務省は明らかに狼狽している。

辻「すでにもうご承知と思うんでございますけれども、これは関係の部局だけが事務的な立場で相談をしても、意見を合致するのは困難な面が多いと思うのです。そういう点もございましたので、あえて裁判所や弁護士会との意見の一致も見ないままに、法制審議会で議論するという判断に達したのです」

委員や幹事から、次々と疑問の声があがった。

荘子邦雄（東北大教授）「少年法は国家百年の大計として考えていくべきだと思っています。しかし、本日この部会にまいりまして、非常に意見が対立していることを痛感しています。結論を先取りするのではなく、各界の方が意見を持ちよって、立派な少年法を作るべきではないでしょうか」

小松「長い間かかって、家裁の裁判官と調査官がタイアップして運営してきた少年事件の取り扱いを無視しては、おそらく改正は進まないと思います」

当然、法務省に賛成する意見を述べた委員もいる。

大谷栄（全国保護司連盟副会長）「全国更生保護大会で、少年法改正の試案について論議が集中したことがありますが、全会一致で法務省の当時の試案を支持するという決議を表明したことがあります。むしろ改正の発議が遅いということが加えられました」

だが改正に賛成する発言も、すぐに反論される。

松尾浩也（東大教授）「先ほどの大谷委員のお話は、保護の第一線で御苦労をされている方の言葉として、その限度で尊重すべきものであろうと思います。しかし刑法や監獄法はもう六〇年以上の寿命があります。これに対して少年法はわずか二〇年あまりです。その意味で少年法の改正を急ぐのは本末転倒ではないか」

江里口清雄（東京高裁判事）「現在の少年法は昭和二四年から施行されて今日まで大きな効果を上げてきました。同じ法務当局が立案して、各方面から『愛の少年法』と言って祝福されたのです。今度は旧少年法に戻すという必要性が理解できない」

辻「いや、今回の改正要綱は旧少年法とはまったく違った考えでございます」

鍛冶千鶴子（弁護士）「昭和四一年に改正構想を出した時には、旧少年法を積極的に評価していたんじゃないですか」

辻「旧少年法への逆行と申しますか、復帰と申しますか、そういうものを狙ったわけではございません」

鍛冶はさらにたたみかけた。

鍛冶「それと先ほどの内藤委員の質問は、日弁連の委員たちの共通している疑問です。それに対して、『見解の相違』って言いましたね。それで結局議論に発展しないまま終わったことは、大変残念だと思います」

法務省はこの日、完全に防戦一方であった。

五　支援する人々の輪

議事録は一部の要約であるが、全文を読んでも反対派の委員や幹事たちの息が、ぴったりと合っていることに気づく。

彼らは、毎月法制審議会が開かれる前に、東京家裁に集まって検討会を開いていた。それは「少年法研究会」という名前が付いている。

当時研究会の一員だった東京家裁裁判官の守屋克彦によると、「法制審議会で議論になる問題を、あらかじめ検討していた」のだという。

参加していたのは、裁判所からは三淵嘉子と糟谷忠男、そして法制審議会では委員に加えられなかった、家庭裁判所の調査官たちにも参加してもらった。さらに慶應義塾大学の宮澤浩一、東京大学の松尾浩也ら法制審議会の幹事に加えて、立教大学の田宮裕、國學院大學の澤登俊雄など、当時気鋭の若手研究者も加わっている。日弁連の幹事である津田玄児らも参加した。糟谷によれば、研究会は閉庁時間後の夕方から開かれた。予算がないため冬も暖房のない寒い部屋に集まり、家裁もお茶しか出せなかったが、参加者は寒い室内でコートを着て熱心に自由な議論を夜中まで続けたという。

少年法の年齢引き下げに反対する家庭裁判所の活動は、この研究会がスタートする前、内藤頼博が所長だった時代から続いている。

内藤は法務省が青年層構想を出した直後の昭和四一年に、『ケース研究』に「少年法改正の方向を誤るな」という反対意見を発表し、パンフレットにして配布している。彼はそれだけでなく、東京家裁の中に、少年法改正反対の活動拠点を作った。内藤の長男の頼誼は、朝日新聞の記者として昭和四〇年代に法務省の担当をしていたため、当時は「反対派の親父さんが息子を送り込んできた」と言われて、取材に苦労することもあったという。

内藤は、三淵に頼んで女性の国会議員を呼び、少年審判の見学会を開いたこともある。裁判所が開いたとは言えないため「東京少年友の会」主催とした。

ちなみに、その時見学される役で少年審判を開いていたのが、守屋であった。守屋は自分の審判廷に、市川房枝など女性議員たちがどやどや入ってきてどぎまぎした記憶がある。

——あら、ずいぶん若い裁判官じゃない。

そんなことを言われたという。

非公開である少年審判を実際に見せるのは、当時としても珍しい試みだった。このため糟谷や、最高裁家庭局の局付だった荒井史男も見学会に参加している。糟谷は最後に市川が「皆さん、しっかりね。今度は自民党も本気ですよ」と言っていたことが印象に残っている。

その後、東京家裁の所長は、内藤から亡くなった宇田川潤四郎を経て、初代の家庭局第一課長だった市川四郎に交代する。市川も、幅広い人材が集まる研究会への支援を惜しまなかった。

改正に反対する裁判官や弁護士たちは、新聞や一般雑誌にも積極的に出て発言するようになった。法制審議会で審議中の話題について、委員や幹事が懸念を明言する。それも裁判官までマスコミに出てくるのだから異例である。

例えば『婦人之友』の昭和四五年一一月号には、委員で千葉家裁所長の三井明と幹事で慶應義塾大学教授の宮澤浩一らが一般の母親たちと少年法の年齢引き下げに反対する座談会を掲載している。法制審議会の委員と幹事が、母親と一緒に婦人雑誌で引き下げ反対の解説をするのだから、影響は大きい。もはや場外戦だった。しかも同様の発言がさまざまな媒体で発信される。法務省からすればたまったものではないだろう。

少年法改正問題は、法務・検察 対 裁判所・弁護士という対立の構図を含めて、社会の注目を集めるようになる。

世論調査では、少年が引き起こす凶悪事件の影響もあって、少年法の対象年齢引き下げに賛成の意見の方が多かった。だが、裁判所では調査官たちが作る研究会や、普段は対立することが多い全司法労働組合も反対の決議を行い、最高裁と共同歩調を取った。

裁判所にとどまらず、子どもに関わるさまざまな団体や個人からも、改正に批判的な意見があがるようになっていった。特に社会教育の現場や、教師、児童相談所で働く人からは反対の声が強まった。少年院の元職員からも、単なる年齢の引き下げに否定的な意見が出るようになった。

当時のさまざまな資料を読んでいくと、亡くなった宇田川が、少年のため、あるいは家庭のために、関係機関と連携を重ねてきたこの二〇年あまりは、決して無駄ではなかったことが分かる。

焼け跡の時代から続く長い蓄積は、少年たちを取り巻く関係機関の中に、同じ考えを持ち、支援する人たちの輪を、いくつも作り出していたのである。

六 「誤算と誤解」

一方の法務省側は、こうした議論をどう受け止めていたのだろう。

当時の幹部は多くがすでに他界しているが、刑事局の参事官だった亀山継夫が健在である。

亀山は、法制審議会少年法部会がスタートした昭和四五年から六年間参事官を務め、その後青少年課長に就任する。この問題では法制審議会が始まって終わるまでの間、常に第一線の当事者であった。その後は名古屋高検検事長を経て最高裁判事を務め、平成一六（二〇〇四）年に退官している。自宅を訪問すると、亀山は準備したメモを元に終始穏やかに話をしてくれた。

「一連の流れは、法務省にとって端的に言えば、誤算と誤解の連続でした」

亀山が最初に言ったのは、その言葉であった。

「出だしは一般の声です。少年に甘すぎるという世論が強くありました。それは事実です。しかし、現場の検察も警察も、痛痒を感じてはいなかった。つまり年齢を引き下げないと困るということではなかったのです。警察も少年の指導には熱心だったし、検察も、本当に先議をやって少年を全部調べ始めれば、破綻しますよ」

亀山は現場の検察官や警察官の声を重視していた。検察から実務的な要望が出ていない以上、「青年層構想」つまり少年法の年齢を引き下げることや検察官先議について、さほど重要性を感じていなかったという。

確かに、すでに引用した法制審議会の議事録を読むと、最初の時点では検察庁の委員や幹事はほとんど発言をしていない。

「それは検察のメンバーが、実は青年層構想を強く望んでいなかったからです。しかし、政治家は世論に敏感です。厳しくすべきという世論の声が相次ぎ、そこに法務大臣が少年法改正の検討を指示したことで、当時の一部の幹部が、刑事政策を変えなければならない、何かしなければならないとなってしまったんです」

では、法制審議会で感情的な対立につながったあの諮問、「改正する必要がある」という強い言葉になったのはなぜか。そして改正「要綱」までセットになったのはどうしてだったのだろう。

質問に亀山は苦笑した。改正要綱は、実は亀山本人が幹部に命じられて、青少年課長の木村栄作とともに作ったものだという。

「この要綱に対して団藤さんは怒りましたねえ。どうしてこうなったかというと、少年法の前に刑法も民法も法制審議会で見直しの議論をしました。その際に『改正する必要があるかどうか』という中立的な諮問の仕方をしました。その結果、審議の結論が出るまでにかなり時間がかかったんです。そのことに対して我々の中で反省が生じました。そこで『立法当局の責任でこういう方向でやってほしい』という意味合いから、諮問の文章と改正要綱を示したわけです。ところがそれを、少年法でやったということが誤算でした。あのやり方が、法曹三者と学界を二分する大問題になったわけです。その後も議論が長引く要因になったのです」

昭和四五年に始まった法制審議会少年法部会の議論は、昭和五〇（一九七五）年になっても終わらなかった。

諮問からこじれた糸は容易にほどけない。議論は膠着状態になっていた。ただ、この五年の間に大きな変化が二つ起きている。

一つは学生運動が下火になったことである。なお各地の大学で紛争は続いていたが、それは東大安田講堂事件のような大規模ではなくなっていた。自然、少年に対する世論の厳しさも一時期に比べると、落ち着きを取り戻していた。

もう一つは法務省の変化である。法制審議会に諮問した当時、青年層構想推進の旗振り役だった大臣は何人も交代し、幹部たちも異動していた。

それでもなお、委員は賛成派が多い。法務省は採決を取って多数決で押し切るつもりはなかったのだろうか。

「私自身は、考えていませんでした。裁判所と弁護士が反発して法改正しても、実務がうまくいくはずがありませんからね」

ただし亀山は、当時の家庭裁判所にも問題があったと話す。

「私が当時思っていたのは、事件の中でこれはひどいあまりに悪質だ、検察官に逆送して（刑事処分を受けて）もらわなければ、という少年が時々（家庭裁判所から）戻ってこないのですよ。しかも、家裁の決定に問題があると私たちが思っても、検察から家裁に意見を言う手段がない。保護一辺倒ではなく、手段として刑罰を使わないといけない時だって、もっとあるはずです」

亀山はさらに少年審判で検察官を敵視する考えが、感情的な距離を生んだと指摘する。

「少年法は確かに手続きが柔軟です。でもそれは悪く言えばルーズな側面もあります。しかし、柔軟だからこそ運用によって、検察の申立てで家裁に同席させることだってできたと思うのですが、検察官は保護の敵だ、少年の敵だと言われて同席が許されなかった」

亀山は昭和四五年に「少年法改正要綱の意図するもの」という論文を発表している。そこには「より適切な手続きで、適切な処遇を」と述べて、検察官や付添人弁護人の関与によって、少年審判などの手続きにも双方の意見が反映できるようにすべきだと強調している。

最高裁家庭局の局付だった荒井史男も、毎回法制審議会で烈しい議論を聞きながら、家庭裁判所にも改善すべき点があると思っていた。

荒井は一度許可を得て、東京家裁であるベテラン裁判官の少年審判を見せてもらったことがある。その裁判官は審判廷を使わず、自分の席に少年を呼んでそこで審判を始めた。内容もほとんどがただの説教であった。数十分間一方的に説教をして「不処分」にして終わり、だったという。

別のOBも似た話を聞いたことがある。裁判官の中には、調査官の資料を充分に読まないまま、審判を行う者がいたという。途中で書記官から基本的な事実関係の誤りを指摘されて、初めて資料をのぞき込むありさまだった。その一方で少年には「君は自分のしたことが分かっておるのか！」と一喝する。

少年法は手続きが裁判官の裁量にかなり委ねられている。その結果、ルーズな裁判官がいたことは、亀山の指摘通りだろう。

昭和二四年に家庭裁判所ができた時は、人も物も不足している中で、救済しなければならない少年が多くいた。それは路上に横たわる戦災孤児であり、ヒロポン中毒で骨と皮になった子どもであった。社会全体が困窮し、また混乱する時代に、柔軟な手続きは有効に作用した。それが関係機関との積極的な連携も生んだ。むしろ、人も物も不足している中で、柔軟さがなければ少年法は機能しなかっただろう。

だが社会が成熟し発展すると、反対に個人や組織は内向的になっていく。

傍聴人がおらず非公開で行われる少年審判は、いいかげんであっても露見しない。刑事裁判や民事裁判は三人で審理する合議制もあるが、少年審判は後に法改正されるまですべて単独。つまり裁判官は一人であった。独善的になったとしても、誰も待ったをかける者はいない。もちろん、ほとんどの裁判官は、中立性を心がけながら、福祉的機能や教育的機能も重視して、少年と向き合い続けている。

だが裁判官からは、それでも限界が指摘されるようになってきた。

特に昭和三〇年代以降、少年が非行事実を争い、弁護士が付添人として同席する事件が増えると、裁判官から「対応が難しい」という声があがってきたのである。

少年が「自分はやっていない」と主張した時、裁判官は、少年の供述内容の矛盾や証拠と一致しない点を、自ら少年に問いただす必要が出てくることもある。本来、こうした質問を行う役割の検察官はいない。争われている事実関係を、明確にしようとすればするほど、どこまで義務があるかという議論はあるにせよ、裁判官は、判事と検事という一人二役を演じなければならなくなるというのだ。その結果、少年側からは裁判官の中立性が疑われたり、自分を信じてくれない存在として、否定的な感情を抱かれることになる。これでは、教育的な働きかけにも耳を傾けてもらえない。

荒井は少年法対象年齢の引き下げや検察官先議には、絶対に反対だった。だが、少年審判は今のままで良いのか。複雑な気持ちを抱くようになっていた。

七　水面下の妥協案

法制審議会が始まって二年後。昭和四七（一九七二）年二月に最高裁の家庭局長が交代した。岡山地裁の部総括をしていた裾分一立が外山四郎の後任となった。

裾分は、かつて上京してきた栗原平八郎を東京駅に出迎えた、家庭局の元第一課長である。裁判官には珍しいリーダーシップを兼ね備えている。第一課長時代に体調を崩したため、休職を経て広島地裁に異動し、さらに実家のある岡山地裁で裁判長を務めていた。難しいこの時期に、最高裁が満を持して投入する家庭局のエースであった。

裾分の部下になる荒井史男は、法務省との泥沼の争いによって、最高裁にも影響が出ていたと回想する。

裁判所は、自分で法律を改正できない仕組みになっている。違憲審査を行う司法が、自分で法律を作るわけにはいかないという考えである。このため最高裁は、事務総局で立法案や改正案を検討した上で、法務省に実際の立法作業を依頼しなければならなかった。つまり両者が本当に対立を深めると、法務省に法改正を求めることもできなくなる。

その典型例が、当時同じ家庭局で改正を検討していた「人事訴訟手続法」であった。

離婚など夫婦や親子に関する訴訟を「人事訴訟」と言う。当時、調停は家庭裁判所で行うのに、裁判になると人事訴訟は地方裁判所で行っていた。これを家裁で一貫して行うことができるようにするため法律の改正が検討されていた。担当していたのは、荒井の同僚で家事担当の局付だった大森政輔、後の内閣法制局長官であった。

大森は法務省に法改正を依頼する段階まで準備を進めていたが、少年法の対立によって、事務総局からストップがかかった。荒井は証言する。

「最高裁で大きな議論になったのです。法務省に少年法では反対しながら、人事訴訟はよろしく頼むと言えるのか。それは役所としてはおかしいじゃないかということです。部分だけの反対はダメだ。ケンカするなら全部反対しないといけない。その結果、この時点では人事訴訟の改正は見送れ、となったのです」

荒井は同僚の大森の苦労を知っている。それだけに法改正を主張した。最後は夜中の一時まで議論したが、出された結論は「法改正見送り」であった。無念の大森と荒井に、当時の課長が「やむを得ない。二〇年待とうじゃないか」と慰めてくれたという。実際に新たな「人事訴訟法」が実現するのは、平成一五（二〇〇三）年のことであった。少年法改正の対立の余波は、二〇年どころか、実に三〇年続いたことになる。

事務総局でも法務省との関係修復を望む声が増えていた。昭和四八（一九七三）年に長官の石田和外が退官すると、その声はいっそう強まった。

裾分は法務省との間で、着地点を見いだすという役割が求められるようになっていた。

着地が必要なのは、法務省の方が切実だった。法制審議会の少年法部会を立ち上げた以上は、組織として結論を出さなければならない。亀山継夫にとって気の重い作業だった。

「いつまでも延々議論をしているわけにはいかない。しかし無理をして採決を取ることはしたくない。そうなると、できる範囲でまとめてしまおうということになったのです」

この時、第三課長として家庭局に戻っていた荒井もこう証言する。

「このまま泥沼ではいかん、ということになってきました。そこで最高裁としては法務省と手打ちをして、この改正要綱をどうやってお蔵入りにさせるかと知恵を絞ったんです」

法務省と最高裁は、ひそかに妥協案を模索した。

最高裁は家庭局長の裾分、法務省は刑事局長の安原美穂《よしほ》が中心となったという。安原はかつての改正要綱に固執する必要はないと考えていた。表向きは昭和五〇年に、法制審議会の部会長である植松正が「おおかたの意見が一致する形で中間報告を取りまとめたい」と提案して検討作業に入ったが、実際は法務省と最高裁の二者によって極秘に検討が進められたのである。

最高裁からは少年審判の基本構造を維持すること、そして青年層構想と検察官先議を白紙撤回することが絶対条件であった。そこを崩されれば、全国の家庭裁判所が納得しない。一方で法務省は、検察官の少年審判への出席と、抗告を認めることなどを求めた。

検討結果は部会長の植松の名を取って「植松試案」と名付けられ、後にこれが「中間報告」となって答申される。内容の柱は「少年の権利保障の強化と検察官関与」「一八歳以上の年長少年の特別の取り扱い」「捜査機関による一部不送致」「保護処分の多様化」の四点であった。

この中では従来、少年審判に関与できなかった検察官が家庭裁判所の要請や許可があった場合には審判に出席できるほか、家裁の保護処分に対して重大な事実誤認の場合に限って、抗告を認めることも盛り込んでいる。

亀山の記憶では、この「試案」がまとまった後、赤坂の料亭に法務省と最高裁の幹部が集まっている。最後の確認作業と双方の「手打ち」の場であった。法務省の出席者は事務次官となった安原と亀山、最高裁からは事務次長だった矢口洪一と裾分だったという。

八　日弁連の猛反発

だが、まとまった「試案」は波紋を呼んだ。

日弁連が最高裁に激怒したのである。

最高裁も法務省も、日弁連を排除して検討作業を進め、根回しも行わなかったという。法制審議会の幹事だった弁護士の津田玄児は、この試案が作成される過程で、双方から何の連絡もなかったと断言する。

「ともに闘ってきたはずの最高裁が、ある時から、法務省の言い分に味方するような発言を始めるのです。これはおかしい、裏切られた、と思いました」

津田には、弁護士たちが最高裁に置き去りにされたと映ったのである。

「植松試案」は、昭和五〇年一二月一六日に日弁連選出の委員や幹事が反対する中で「強行採決」された。

これに反発した日弁連は翌年一月に委員と幹事を全員引き上げ、全員が法制審議会少年法部会を辞任するに至る。日弁連は「少年法『改正』対策本部」を作り、今度は「試案」の批判と改正反対を訴え、対決姿勢を強めた。

日弁連にとって特に許しがたかったのは、検察官の権限を拡大する内容が盛り込まれたことであった。検察官が少年審判に立ち会い、抗告もできるという内容は、「少年の人権を損なうばかりか、保護手続としての審判を刑事手続に変質させる」と考えたのである。刑事裁判化することで、ケースワーク機能を失うという声も強かった。

しかし、最高裁にも言い分があった。

法務省が最初の「改正構想」を発表した昭和四一年、家庭局の第三課長だった栗原平八郎が中心となって、改めて最高裁の「意見書」を発表している。ここでは「検察官に審判の場に出席させるなど、適宜相当な方法で意見陳述の機会を与えることは考慮されるべきである」と記していた。

つまり最高裁は、初めから検察官の少年審判への立ち会いを、否定していなかったのである。すでに記した通り、少年が非行事実を争う事件が増えた結果、裁判官が検察官役となって問いたださなければならないケースがある。裁判官の意見も、複雑な事件で少年が争う事件の場合、検察官の立ち会いに賛同する声が多かった。「検察官がいてくれれば、一人二役をせずに助かる」というのが、少年審判を担当する多くの裁判官の本音でもあったのだ。意見書を書いた栗原は「日弁連側が『寝返った』というのは誤解であり、心外だ」と証言する。

最終的に「試案」は法制審議会少年法部会の中間報告となり、昭和五一（一九七六）年一二月に日弁連委員と幹事が全員不在のまま採決、翌年答申されて「中間答申」となった。

最高裁への反発の声は、日弁連からだけではなかった。

少年問題に取り組む人々や、ともに活動していた研究者たちからも、最高裁への批判の声があがった。津田によると、研究者の委員や幹事に対しても、法務省や最高裁は試案について事前の相談をしていなかったという。

昭和五二（一九七七）年八月号の日弁連の機関誌『自由と正義』は〝少年法「改正」を批判する〟というタイトルの特集号であった。

雑誌には、東京家裁の研究会にも参加していた研究者や補導委託先による中間報告反対の言葉がずらりと並んだ。特集には、津田も文章を書いている。彼は「試案」が法務省と最高裁の合作だと見抜いており、最高裁に対しても「従来の態度を一変させ、法務省と手を結んだ」と手厳しい。

当時、日弁連の中で少年問題の議論をリードしていたのは、ともに最高裁家庭局第三課長を経験し、弁護士になった内藤文質と森田宗一であった。家庭裁判所を作ったメンバーである彼らが、最高裁批判に転じた影響は少なくない。雑誌には内藤と森田の批判だけでなく、名古屋高裁長官を最後に退官した内藤頼博も寄稿している。かつての先輩たちからも厳しい声が相次いだのである。

また、それまで共同歩調を取っていた全司法労働組合や家庭裁判所の調査官からも、反対の声があがった。

批判の矢面に立たされたのは、家庭局長の裾分一立だった。

部下だった荒井史男は「裾分さんは本当に大変な思いをした」と話している。最高裁に寄せられたのは、検察官の関与を強めたことへの反対の声がほとんどであった。裾分にとって、特に先輩からの批判は、つらかったに違いない。

だが、当時の中間報告は、全否定されなければならなかったのか。

確かに少年審判における検察官の関与強化は、検察庁や裁判所と弁護士の間で意見が分かれる。特に弁護士にとっては、到底許しがたいものであった。

しかし、裾分が法務省の安原美穂や亀山継夫らと試案をまとめなければ、法務省は法制審議会に諮問した以上、何らかの結論は出さなければならない。もし保守的で強権的な法務大臣が就任すれば、「強制的に多数決を取れ」と言い出すかもしれない。法制審議会は、少年法改正に賛成する委員が多く、数の上では、どうしても勝てなかったのである。

裾分は法務省の改正要綱を白紙撤回させ、少年法の対象年齢の引き下げも、検察官先議も、断念させた。幹事だった糟谷忠男も「やむを得ない結論であり、裾分局長がいなければ、とてもまとまらなかった」と話す。検察官関与を強化したということを最大の理由に、当時の日弁連は、青年層構想を法務省に撤回させたことも、意味がないかのように批判した。だがその結果、現在まで四〇年以上、少年法の対象年齢が引き下げられずに来たことも、歴史的な事実である。

裾分の業績は、法制審議会で自らの意見を述べることが少なく、旗幟を鮮明にすることに慎重な今の裁判所側の委員を見るにつけ、もっと評価されてもいいと思える。

少年法改正問題は、法務省による昭和四一年の「構想」から数えると、中間答申まで実に一〇年に及んだ。「少年法の対象年齢引き下げ」という看板を下ろさせたという結果だけ見れば、この闘いに、家庭裁判所は勝利したのだろう。だが生じた分断は大きく、勝利は苦いものであった。

裾分は、寄せられた数々の批判に対し、自己弁護も恨み言も周囲には一切述べていない。彼は最高裁や家庭裁判所に対する厳しい言葉を、黙って聞き続けた。

そして、法制審議会が中間答申を行ったわずか九か月後の昭和五三（一九七八）年四月三日。裾分一立は、心筋梗塞のため、岡山県倉敷市の自宅で五六歳で急逝する。

九　管理と統制へ

少年法の改正が議論となっていた昭和四〇年代、全国の裁判所は大きなうねりの中にあった。それは「司法の危機」と呼ばれる。保守系の政治家などが中心となり、リベラルな判決や、青年法律家協会、略称「青法協」に加入している裁判官への批判を繰り広げたことに端を発する。

青法協は昭和二九年に結成された。当時東大助教授だった加藤一郎、平野龍一らが、弁護士とともに発足させた。裁判官の会員には後に最高裁長官となる町田顕など、最高裁判事になった者も少なくない。当初は政治色の強い団体ではなく、比較的進歩的な研究団体にすぎないと受け止められていた。

最高裁家庭局も、法制審議会で幹事を務めた局付の荒井史男と、大森政輔が会員だった。事務総局の局付判事補のうち青法協の会員は一〇人に上っている。

だが最高裁は、保守政治家からの批判を受け、青法協を「裁判官には好ましくない団体」とみなして、裁判所から追放する運動を強めていく。その中心は、最高裁長官の石田和外である。

昭和四四年秋に、最高裁は一〇人の局付に青法協からの脱退勧告を行い、翌年全員が脱退した。家庭局の荒井と大森もここに含まれる。ただ、二人はそれまで脱退するかどうかを悩み、局付の中では最後まで青法協にとどまり続けていたという。

大森は回顧録に当時のことを記している。最高裁のある局では、局長が脱退しろという職務命令を局付に出していた。だが家庭局はすでに記したとおり、局長が外山四郎、課長が栗原平八郎で、二人とも青法協脱退を強制する人柄ではなかった。大森はこう述べている。

「当時の栗原平八郎課長は、非常にリベラルですから、（青法協を）脱退した方がいいとはひとことも言わなかったですね。それでは局長から局長室に呼ばれて説得されたかというと、そういうこともなかったです」

栗原も、当時のことは覚えている。

ある日、最高裁の食堂で昼食を食べていると、別のテーブルにいた事務総局の幹部が「後、残っている青法協はあいつとあいつだ」と、栗原にも聞こえるような大声で喋っていたという。家庭局の局付二人が脱退しないことを声高に批判していたのだ。

――荒井君と大森君の気持ちも分からないで、あんなことを言いおって……。

栗原は、配慮のない言葉が悔しかった。彼は若い二人が悩んでいたことを、知っていたのである。

大森の回顧録によると、結局二人は局長の外山が苦しい立場に立っていることを栗原から聞き、「局長にそこまで迷惑をかけたらいかんな」ということで、脱退を決めたという。配達証明付きの郵便で、青法協に脱会届を出している。

一方で東京家裁にいた守屋克彦は、青法協にとどまる道を選んだ一人である。彼は先輩の三淵嘉子や糟谷忠男が心配していることは知っていたが、考えを変えることはなかった。

守屋自身はこう話す。

「別に選んだというより、辞めなかったというだけの話です。要はこれまでの自分の生き方の節を曲げることにあたるのか、あたらないのかということについての判断だったと思うのです」

だが、青法協を脱退しなかった裁判官は、人事で明らかに冷遇されるようになっていく。当事者たちの証言によれば、彼らは地裁や高裁の刑事部、行政部、労働部の担当から排除されていった。代わりに目立つようになった配置先の一つが、裁判所の支部、そして家庭裁判所であった。家裁なら国家賠償請求や労働事件もない。審判は非公開であり、報道されることもほとんどない。家裁は排除された裁判官たちの「行き場」の一つにさせられていたのだという。

反対に少年事件への取り組みに魅力を感じ、自ら望んで家庭裁判所にとどまり続けたいと希望する若い裁判官がいても、数年で地裁や高裁へと移っていった。誤解のないようにあえて言うならば、家裁にきた青法協の裁判官たちが、力量不足だったわけではない。昭和四〇年代に三淵の書記官をしていた後藤卓也は、東京家裁に守屋が異動してきた時のことを、今も記憶している。

「最高裁が目をつけた問題判事らしいとか、青法協の闘士だとかと噂されていましたよ。それで私も、守屋さんというのはどうも大変な人らしいと警戒していました。ところが仕事をすると、全然そんなことはないのです。少年への接し方は親身だし、仕事は早くて丁寧だし、職員への接し方も穏やかです」

後藤はしみじみこう思った。

――こんな人を問題判事だなんて、やっぱり最高裁は変なところだ……。

一〇 「整備・点検の時代」

中間報告がまとまる頃から、家庭裁判所に対して裁判所内部から批判の声が、徐々に強まるようになっていた。

――法務省の主張にも理解できる点がある。

――家裁は自分たちを特別な存在と思っているのではないか。

家庭裁判所は少年事件も家事事件も、福祉的機能や教育的機能を大切にしてきた。だが「家裁は福祉や教育を重視しすぎている」という声は、昭和五〇年代に入るといっそう強まった。宇田川潤四郎や内藤頼博が現役の時代にはそうした言葉を何度もはね返し、保護の理念を全面に押し出してきた。しかし、彼らが第一線を退いた頃から、家裁も司法的機能をまず重視せよという指導が支配的になっていく。特に事件処理に時間をかけすぎることが問題視された。

昭和五四（一九七九）年には家事調査官の研修で、「家庭裁判所は発展の時代から整備・点検の時代に入った」という言葉が使われている。

その「整備・点検」の対象の一つは、調査官であった。

調査官は単独で担当する事件の関係者に面接し、関係機関を訪問する。緊急対応が必要な時には、厳格な手続きを取らずに出張することもあった。すでに記したように、かつては少年が立ち直るまで、一年以上も補導委託先に預けて、試験観察を継続する調査官もいた。裁判官が依頼しても、更生の兆しが見えるまで、頑として報告書を出さない者もいた。

こうした仕事ぶりは、規則や慣行に厳格な幹部職員や、家庭裁判所の経験がない裁判官には異質だった。事件ごとに単独で行う調査官の活動が、時に自由奔放で身勝手とみなされることもあった。

次第に、調査官への指導や監督は強化されていく。さらに、最高裁は少年事件の処理に「モデル試案」も作成した。最高裁としては、事件の処理が各地でばらばらでは不公平になると考え、一定の「均質化」を求めたのである。しかし、組合側を中心に、こうした取り組みが「統制の強化」「処遇の画一化」だという声が上がった。

家裁調査官研修所も、そのカリキュラムが変わっていった。初代の所長だった内藤は、講師に外部から一流の人材をそろえた一方、裁判官の教官は一人も置かなかった。だが、昭和四八年頃から、調査官研修所にも裁判官の教官が置かれ、外部講師による一般教養や特別講義は減っていく。代わりに増えたのは、法律の勉強や調査票の作成演習などである。理想よりも実践を重んじる教育になっていった。研修所としては、各地の家庭裁判所に戻ってから、すぐに現場で活用できる教育をしようという狙いだった。

さらに、昭和五五（一九八〇）年には最高裁家庭局第三課の課長を、これまでの裁判官から調査官に代えた。さらに翌年には家庭局に審議官のポストを作り、全国の調査官のトップをここに据えた。裁判所で異質と言われた調査官の地位を引き上げ、彼らの位置づけをより高めようとした。だが、こうした取り組みも、調査官の自由な行動を奪い、組織の一員に組み込もうとするものだとして、組合を中心に、批判が絶えなかった。この時期、最高裁や各地の家裁幹部と、組合の対立は深まるばかりだった。


かつてあれだけ活発だった自主的な勉強会も、次第に下火になっていった。

東京家裁で開かれていた研究者と裁判官、調査官などとの「少年法研究会」も、法制審議会の中間報告の頃から休止された。

法制審議会の幹事だった慶應義塾大学教授の宮澤浩一は、かつて婦人雑誌で裁判官と少年法改正反対の座談会を開くほど、家庭裁判所を応援していた。その宮澤も、中間報告後に距離を置くようになる。彼は家裁が徐々に変わっていったことを、その理由の一つに挙げている。

――裁判所でありながら、事件を法律の論理で割り切るのではなく、人間科学の専門家である家裁調査官が、裁判官に伍して、罪を犯した少年の社会復帰のために、正しい解決の発見という仕事の一翼を担うという家裁の人間臭さに魅力を感じ、ファンになった私の目には、その肝心の調査官が物を言わなくなり、親交のあった人々が櫛の歯のこぼれるように辞めていく状況が心のしこりとなっていった。

東京家裁の裁判官だった守屋克彦は、昭和五四年に青森地家裁に赴任してから、「東北裁判官研究会」を企画した。大学教授などを呼んで、年一回講演会や討論会を開いている。

守屋は「こうした集まりも、司法行政からは歓迎されなかった」と話す。研究会の内容は裁判実務が主なもので、政治的な色あいはない。それにもかかわらず、ある出席者は、仙台高裁の事務局長から、出席した裁判官を、ひそかに報告するよう求められたと回想している。

家庭裁判所でも、裁判官、特に青法協にいた者が外部の人間と勉強の機会を持つことすら、一部の幹部から「警戒すべき動き」と受け止められたという。

調査官が外で発言したり、外部の委員会で委員を務めたりすることも、家庭裁判所によっては上司から歓迎されなくなった。かつて宇田川が、外部機関との積極的な交流を促した時代とは、正反対である。だがこうした統制に、自ら率先して従う裁判所幹部も、一部だがいた。

裁判官はもともと優等生である。例えて言うならば、先生に率先して従う学級委員長とでもいうべきか。小学校で先生に命じられた宿題よりも倍の分量を提出し、得意げな様子を見せる子どもにどこか似ている。

統制に従う一部の幹部は、長官が言わずとも上司の心の中を推し量り、一歩先んじることで自らのいっそうの忠誠を誓おうとする。裁判所は学校でテストが一位だった人間の集合体であり、わずかでもこうした人間がいれば、彼らの間で忖度競争は加速していく。

行き着く先は、全体主義化である。

家庭裁判所は発足から昭和三〇年代までは、裁判官や調査官の熱意と裁量に多くが委ねられた。それはさまざまな工夫や外部機関との協力関係を生み出した。また福祉や教育の目的のため、じっくりと時間をかけて結論を出すことを容認していた。

だが、少年事件も家事事件も、徐々に均質や衡平が必要とされるようになる。さらに時間をかけすぎないよう、迅速な事件処理も求められた。最高裁がこの時代に行った取り組み自体は、個々の時代の要請に対応しようとした側面もある。だが、周辺を取り巻く一部の幹部たちは、常に一歩先んじようとする忖度の結果か、指導監督の要領にとにかく例外なく従わせ、短時間で処理するよう調査官などへの強引な働きかけも行われたという。さらに後には、草創期の家裁幹部の言葉を「当時の気の高ぶり」などと呼び、家裁が掲げた理念までも、時代遅れと言わんばかりの言葉が見られるようになる。

加えて「司法の危機」から、裁判所の中でどこかものが言いにくい、自由な議論をさえぎる冷えびえとした空気が漂った。人によって受け止めの度合いは異なるが、多くの元裁判官や元職員は、家庭裁判所も決して例外ではなかったと話す。

この時期、現場の変化に失望し、家裁を去る調査官もいた。

昭和五九（一九八四）年の春。糟谷忠男は新宿の国際医療センターを訪ねた。

病室のベッドには、三淵嘉子が横たわっていた。がんが転移し、全身の激しい痛みから顔は固定され、大型の人工呼吸器が取り付けられていた。多くの人たちに愛されたえくぼの丸顔は小さくなり、身動きは取れなくなっていた。

糟谷が顔をのぞき込むと、三淵はわずかに口を動かして、吐息のような声でこう言った。

「私は、もう、こうなっちゃったの」

三淵は昭和五四年、横浜家裁所長を最後に退官した。

その後は東京家裁の調停委員や参与員を務め、少年友の会の理事としても忙しい毎日だったが、昭和五八（一九八三）年頃から肩や腰の痛みに悩まされるようになった。精密検査の結果、骨からがん細胞が見つかる。

息子の芳武は、三淵のかねてからの希望を聞き入れ、検査結果を本人に告知していた。治療を続けたが、次第に、全身の激しい痛みに苦しめられるようになっていく。

糟谷は何度も、見舞いに行っている。

彼女が話すのは、いつも家庭裁判所のことだった。家裁はどうなってしまうのか、その将来を心配していた。

退官した年に、三淵は雑誌の企画で、糟谷や守屋らと座談会を開いている。この中でも彼女は、糟谷に問われて、「家庭裁判所の福祉的なやり方を否定して、司法裁判所的な方向へ持っていっては困ります」と、この時期の最高裁の取り組みをやんわりと批判している。

病院のベッドに横たわる三淵は、しばらく、糟谷をじっと見ていた。そして人工呼吸器越しに、再びささやくように、こう依頼した。

「どうか、施設の面倒を、みてあげてほしい」

彼女が言ったのは、たくさんの肉を買い、ともに何度も訪問した横浜市の補導委託先のことである。最高裁は試験観察についても、指導を強めていた。

試験観察で補導委託先に少年を預ける期間は、かつて一年以上ということも珍しくなかった。しかしその後に出された「モデル試案」では、試験観察の期間はおおむね三か月から四か月とされていた。現実にはさまざまな事情から、四か月でも戻すことが難しい少年もいる。補導委託先の施設は、家庭裁判所と少年の間で板挟みになり、自費で少年を預かり続けるところもあった。

三淵の頼みに糟谷はうなづき、支援することを約束した。三淵は、安堵の笑顔を見せた。元気な頃の面影が、かすかに覗いた。

――これで、おしまいなのかな……。

帰り道を歩きながら、糟谷は胸がふさがる思いがした。

三淵さんのような人は、もう現れないだろうと思った。糟谷自身も、少年審判の現場を離れてすでに長い。彼は三淵を見舞った時、浦和地裁の民事部にいた。大量の民事事件や行政事件を抱え、多忙な日々の中にあった。その後も盛岡地家裁の所長や仙台高裁の部総括となる。糟谷は転勤のたび、家庭裁判所の少年部担当を希望したが、最後まで叶えられなかった。

民事一筋、刑事一筋という裁判官はたくさんいる。しかし裁判所の組織は、本人が希望しても、家庭裁判所にキャリアの大半を捧げる人材を、求めなくなっていた。制度が変わり、わずか数年で若手裁判官が入れ替わる中で、家裁の理念を、誰にどう伝えていけば良いのか。糟谷にも、分からなかった。

三淵嘉子は、この年の五月二八日に逝去した。

第六章　震災と家裁

一　烈しい揺れ

　その日、仙台家裁所長の秋武憲一は、六階の所長室でソファーに座り、各支部の裁判官たちと雑談をしていた。平成二三（二〇一一）年三月一一日は、仙台家裁の裁判官会議が開かれ、ちょうど終わったばかりだった。

　午後二時四六分。テーブルの上の湯呑みが、カタカタと音を立てた。秋武やほかの裁判官たちは、慌てた様子もなく天井を見上げた。宮城県内は前日の三月一〇日にも震度四が、そして前々日の九日にも震度五弱の地震が起きていた。ただ、それは東日本大震災の「前震」と呼ばれる現象だったことが、のちに判明する。

　最初小さかった揺れは、加速度的に烈しくなった。裁判官たちは引きつった顔を見合わせた。壁にかけていた絵が振り子のように振れ、室内は轟音とともにきしんだ。明らかに昨日までと違う地震だった。一人が座っていたソファーから床に放り出された。秋武もテーブルを必死につかんだ。そうしなければ、身体ごと飛ばされそうだった。所長室の棚の飾り皿や壺が次々落ちて、大きな音を立てた。所長室の本棚から、書類が放り投げたように飛び出し、床に散乱した。

数十秒で烈しい揺れは徐々に弱まってきた。室内にいた全員が、息を継いでようやく左右を見た。だが震動は収まらない。揺れ続けて一分近く経った時、再び強烈な突き上げが襲った。二度目のピークである。建物が跳ね上がるような衝撃だった。別室で窓ガラスの割れる音と、職員たちの悲鳴が重なった。大きな本棚が左右に震えながら、すでに書類が散乱した床の上へとゆっくり倒れていった。

揺れは五分近く続き、ようやく止まった。だが、すぐにまた小刻みな揺れが始まった。

「全員、外に出よう」

所長の秋武はそう叫んで、同じ六階の会計課の職員たちにも避難を呼びかけた。平日の昼間だったため、建物には一般の来庁者も調停委員もいた。職員が一般の人たちを誘導し、数十人が裁判所の外に出た。

仙台家裁は高裁の北側にある。敷地の一部は、「樅の木は残った」で知られる原田甲斐の屋敷跡だった。

敷地には樹齢を重ねた大木がある。避難した全員が、その中で一番太いヒマラヤ杉の回りに身を寄せた。じっとしていると、何度も強い揺れが起き、そのたび背中の太い幹が左右に揺れ、頭上の枝葉が乾いた音を立てた。風で枝が揺れるのではない。木の根から幹へと震動が伝わり、それが枝を震えさせていたのだ。

誰かが短い声をあげ、近くの高層マンションを指さした。

目の前のマンションが、ゴムの柱のように左右に波打っていた。屋上の貯水タンクが壊れたのか、屋上から大量の水が落下してきた。

見たことのない異様な光景の連続に、秋武は身動きできなかった。北からの冷たい風が吹き、気温は下がっていった。みんなコートなどの上着を建物に置いたままで、全員が震えながら、繰り返される揺れに耐えるしかなかった。秋武もワイシャツにベスト姿だった。

やがて雪が降り始めた。どのくらいそこにいたのかは、本人もよく覚えていない。震動がやや間遠になった。秋武は建物にいた裁判官や職員にけがないことを確認し、職員たちと建物に入った。残してきた上着や荷物を集め、その後、各部屋にカギを掛けていった。記録の紛失を防ぐためである。どの部屋もひどく書類が散乱していた。

各支部から来ている裁判官は、仙台高裁にある研修施設で一夜を明かすことになった。宮城県内の各支部に連絡を取ろうとしたが、裁判所は停電し、電話も不通となった。秋武は、これだけの揺れだから、各地でも被害が出ているのだろうと思った。しかし、テレビを見ることもできず、ネットも使えない。情報を得る手段がなかった。東京の最高裁にも、何度かけても電話がつながらなかった。

夜になって、秋武はようやく単身赴任先の官舎に戻った。自宅も停電していた。彼は疲れ切っていたが、暗い部屋の中で、床に落ちて割れたガラスの容器を片づけた。それから、持っていた乾電池式の携帯ラジオを探し、スイッチを入れた。

アナウンサーが各地の惨状を次々と伝えている。

「仙台市内は、海岸線から八キロほど離れた若林区役所付近まで津波が到達しました」
「仙台市付近の石油コンビナートから、火柱が上がっています」
「石巻市は各地に津波が押し寄せ、門脇地区の広範囲で火災が発生しています」
「宮城県内は建物の屋上などに多くの人が取り残され、救助を待っています」
——東北は、大変なことになっている。

秋武はそう思った。彼はラジオで初めて、被害の甚大さを知ったのである。裁判所の石巻支部や気仙沼支部のことが心配だった。職員たちは無事だろうか。津波に巻き込まれていないだろうか。

彼は再び烈しい揺れが来た場合に備えて、ズボンとシャツのまま布団にくるまった。支部の職員や調停委員らの顔が次々と浮かんで、なかなか眠れなかった。

二　家庭裁判所は弱者のために

「お恥ずかしながら、東日本大震災の直後は、記憶があまり定かでないのですよ」

秋武はそう言って、笑顔で頭をかいた。次から次へと考えもしなかったことが起き、肉体的にも精神的にも疲弊して、ところどころ記憶が空白なのだという。

秋武は仙台家裁の所長になる前、東京家裁で家事部の勤務が長かった。平成一五年には、長く懸案だった人事訴訟法が新しく作られ、地裁で扱っていた人事訴訟が家庭裁判所に移管された。彼は制度の運用で中心的な役割を担っている。朗らかで腰が軽く、話す相手を自然と笑顔にさせる向日性がある。家裁所長は幹部ポストの一つとしてあてがわれることも多いが、仙台家裁は幸い、家裁の専門家が所長に就任した形であった。

震災直後で、何か特に印象深い出来事はあるだろうか。

あります、と秋武は即答した。

「家裁に訪ねてきた、ある親子のことです」

その親子は、翌週の初めに仙台家裁を訪ねてきた。若い母親と、幼い男の子だった。

一階の受付は片づいていない。パソコンも床に落ちたままだった。まだ職員の一部は安否が分からず、特に各支部の職員と連絡が付かなかった。秋武はちょうど受付の近くにいて、どこか茫然とした気持ちが抜けないまま、職員と床に散乱した書類を拾い上げていた。

「この子の『氏の変更』を、お願いします」

母親はそう依頼した。横の男の子は、母親をじっと見ている。

この場合の「氏の変更」とは、離婚した父母の子どもが、母親の戸籍に入って名字を変更することである。秋武は震災直後で交通機関も動かない中、親子が家庭裁判所までわざわざ申立てに来たことに驚いた。

「よくここまで、来られましたねえ」

母親は答えた。

「四月からこの子は小学校に入ります。この子が、学校に入ってから名字が変わって、いじめられたり、戸惑ったりしないように。そう思って、来ました」

秋武は、母親のきっぱりとした言葉に、虚を衝かれた思いがした。裁判官は誰もいなかった。秋武は東京家裁で何度も「氏の変更」を担当した経験がある。所長の彼が、自ら申立てを引き受けた。

彼は書類が散乱する受付で、母親からここまでの事情を聞き取った。要件を満たしていることを確認して、しばらく待ってくださいと告げ、六階の所長室に上がって審判書を起案した。彼女は、戸籍謄本や収入印紙も用意していた。

所長室で書類を広げた秋武は、ペンを走らせながら「母親とは、けなげだな」と思った。そして、不意に胸が熱くなり、それ以上書き進められなくなった。

この混乱では、四月から小学校があるかどうかも分からない。それでも、子どもはランドセルを用意して、まだ慣れない母親の実家から、小学校に向かう準備をしている。その子どもを、少しでもみじめな気持ちにさせたくないと、母親は震災のがれきをかき分けて、家庭裁判所に来たのだろう。

――ああ、そうか……。

秋武は、この時に気づいたのだという。

「家庭裁判所は弱い立場の人たちを支援するためにあるということを、思い出したんです。震災の時は、社会的弱者は、さらに弱い立場に立たされる。家裁の裁判官や職員は、震災の時こそ、弱い人たちを救う、後見的立場に立たなければならないのです」

目の前のあまりの惨状で、無力感にとらわれていた秋武は、目が覚めたような気持ちになった。家庭裁判所の人間として、震災時に自分が果たすべき役割を、認識したのだという。

家庭裁判所は周囲の建物よりも早く電気が復旧し、水も出るようになった。まだ近くにある地裁も高裁も停電したままで、家裁だけ明かりが灯った。

隣の小学校の体育館が避難所だった。子どもも、大人も、高齢者もいた。誰もが表情の失せた顔で、毛布にくるまって座り込み、あるいは体育館の床に横になっていた。

避難所は水道が使えず、被災者はトイレに困っていた。

秋武は、家庭裁判所のトイレを一般の人たちが利用できるようにした。それだけでなく、職員に頼んで、家裁のトイレが使えることを被災者に知らせる案内の看板を作ってもらった。

避難中の母親が、赤ちゃんのミルクを作るため、お湯をほしがっていた。家庭裁判所の給湯室は電気を使っており、設備も故障していなかった。秋武はそのことを知ると、被災者がお湯を汲めるように案内した。

家庭裁判所は三月中、審判も調停も開かないことを決めた。仙台高裁の了解も得た。秋武は記録を保管している部屋を施錠し、後は住民が夜中でもトイレや給湯室を利用できるよう、家裁の一部を、被災者に開放することを決めた。

電話はまだほとんどつながらない。ただ、携帯電話のメールは、時間がかかっても相手に届くことが分かった。

秋武は職員に命じてメールのリストを作り、安否の確認を急いだ。連絡が取れない職員には、課長や調査官に至急自宅を訪問してもらった。翌週の末には、裁判官や職員は、全員無事であることが分かった。心配していた石巻支部も気仙沼支部も、幸い職員たちは津波に巻き込まれていなかった。秋武は安堵した。

それでも、石巻市で調停委員一人が亡くなっていたほか、肉親を亡くした職員や、自宅を津波で失って避難所に身を寄せている職員もいた。また、妊娠中だった女性裁判官が、寒い避難所で体調を崩し、医師から切迫流産の恐れがあると診断された。秋武は彼女に休暇を与え、被災地から離れた場所へ避難することを許可した。

後から分かったことだが、特に苦労していたのは、石巻支部だった。

石巻支部は市内の日和山に近い高台にあった。このため津波の被害は免れたが、裁判所は烈しい揺れで電気、電話、水道、そしてガスも止まった。幸い灯油の備蓄があり、非常用電源も使うことができた。すぐ下の門脇地区は津波で壊滅状態である。高台へと逃れてきた人たちから、石巻支部を避難所として使わせてほしい、という要望があった。ずぶ濡れで、震えている人もいた。

石巻支部の庶務課長は、仙台市の本庁と連絡が取れず、支部長も会議で不在だったが、独断で被災者を受け入れた。裁判所はそのまま避難所になったのである。

庶務課長は支部に残っていた当直用の毛布も、備蓄していた食糧も、すべて被災者に提供した。石油ストーブも被災者のいる部屋へと持って行った。自身は夜になると新聞紙を身体に巻いて寒さをしのぎ、二日間、支部の中でほとんど何も食べずにすごした。

震災時、仙台市の少年鑑別所には、一一人の少年が観護措置のため収容されていた。

少年鑑別所は海に近い仙台市若林区にある。震災の翌日、調査官の一人は、収容されている子どもたちが心配になり、誰にも命じられないのに自転車で三〇分以上かけて、鑑別所の少年の様子を確認に行っている。

幸い鑑別所まで津波は到達していなかった。地震でけがをした少年もいなかった。

ただ、停電している上、暗い部屋の中で何度も余震が来る。テレビやラジオで情報を得ることもできない。このため、子どもたちは精神状態が不安定になっていた。中には揺れるたびに母親を呼んで泣き叫ぶ少年もいた。

帰ってきた調査官は、秋武に少年たちの様子を報告した。至急、対応が必要なのは明らかだった。

鑑別所は調理ができないため、少年たちに提供していた食事はパンや牛乳、それにレトルト食品だった。それでも鑑別所としては精いっぱいの対応である。秋武は、このままでは精神的にも、栄養面でも好ましくないと考え、少年部の裁判官や首席調査官、そして担当の調査官たちと話し合った。

結論は「収容中止」で一致した。当面審判を開くことができず、少年の健全育成の上からも、心の平穏を得られる場所に移した方が良い、という理由であった。

問題は、子どもをどこに保護するかだった。

成人ではないため、単純に釈放すればいいわけではない。行き場がないのに放り出しても、浮浪児になってしまう。電話がつながらないため、親の安否もほとんどが分からなかった。それでも、保護者と連絡が付いた一部の子どもは、後日の審判に出てくるよう誓約書を書いて、自宅などに戻した。

しかし、残りはどうすればいいのか。秋武は困った。家庭裁判所が少年を引き取るわけにはいかない。

調査官の一人が、少年問題に取り組むＮＰＯ法人と交流があった。このＮＰＯは仙台市内で、家庭の事情などで居場所のない子どもたちに、住む場所を提供する取り組みを続けていた。調査官はここに少年たちをしばらく預かってほしいと依頼し、快く引き受けてもらうことができた。

書類上の身元引受人は、少年問題に熱心な弁護士に依頼した。何人もの弁護士が家庭裁判所に協力してくれた。

仙台家裁は、震災から二週間で、収容されていた一一人の少年全員の、観護措置取り消しを行った。

三　被災者に寄り添う

「こういうものを、作ったのですが」

四月に入ってすぐ、ベテランの女性調査官が、秋武のところに、遠慮がちに紙を持ってきた。

仙台家裁は震災の約二〇日後、四月一日から執務を再開した。調停や審判を延期していたため、期日は混み合い、家庭裁判所はすぐに忙しさに追われるようになった。

彼女は家事部の調査官として、被災者と話をすることが多かった。その中で、家庭裁判所を訪問する被災者への配慮が必要だと感じ、裁判官やほかの調査官と自主的に話し合っていた。集まった多くの意見を元に、職員や調停委員らが心がけることとして、Ａ４の紙、三枚にまとめたのだった。

メモは四月四日付けで「震災後の家事調停及び調査において配慮すべきこと」というタイトルである。例えば手続案内の時には「生活も気持ちも不安定な方が多いので、できるだけ分かりやすく、繰り返し説明すること」。受付では「住所と生活の場が異なる当事者や、交通手段のない当事者がいるので気をつけること」。調停の際には「被災体験を根掘り葉掘り聞き出さない」「当事者の話は精一杯共感的に聞き取るが、安易に感想を述べない」「当事者の心身状況について勝手に解釈をしない」など、注意点が箇条書きでびっしりと書かれている。

秋武はこのメモを読んで、感心した。

震災からわずか半月あまりで、これだけ被災者の心情を汲み取った文章を書くことができるのは、調査官の力量の高さを改めて示すものだと思った。しかも、自宅をなくして住所が定まらない被災者への配慮や、声をかける際の注意点など、内容はきめ細かい。メモにはほかにも調査官に対して、調査の際の注意事項なども記されている。

彼女は、これを書記官と調査官に配付してもいいかと訊いてきた。秋武は即座に許可した。

秋武は、このメモを裁判官にも配った。仙台高裁にも提供して、東北の家庭裁判所の各支部に送ってもらった。

メモを作ったベテラン調査官だけではない。震災後の多くの調査官の活躍には、感謝するばかりだったという。

調査官の中には自宅が被災した者もいた。だが、多くは裁判所に泊まり込んだり、避難所生活を続けたりしながら、調査を続けていた。交通手段がないため、彼らは自転車や徒歩で、非行のあった少年の安否を確認し、離婚調停中の当事者の避難先を訪ね歩いている。秋武は語る。

「裁判官も書記官も、多くが法学部の出身です。一方で調査官は心理学や社会学などを学んでいて、法律の専門家ではない。しかし、彼らには法律家にはないバイタリティがある。特に、震災のように社会が混乱する時には、法律の枠を離れて当事者のために活動する調査官が、家庭裁判所の原動力になりました」

調査官の力が大きく発揮される機会は、その後すぐに訪れた。

家庭裁判所が担当する業務に「後見制度」がある。認知症や障害などで判断能力が失われるなどした人に代わって、財産の管理や契約などを行う成年後見制度が特に知られている。後見人は家庭裁判所が選任する。多くは親戚などが後見人になるほか、司法書士や弁護士なども選ばれる。

仙台家裁の管内には、この後見人が当時一三〇〇人以上いた。もし、地震や津波で後見人が死亡していれば、保護などを受けている被後見人は、預金を引き出すこともできず、介護などのサービスや施設入所の契約を結ぶこともできなくなる。

このため家庭裁判所は、四月に業務を再開してすぐ、一三〇〇人を超える後見人が無事かどうか、全員の安否確認に取りかかったのである。

仙台家裁は「安否確認のお願い」という用紙を作って、後見人の住所に発送したが、地震や津波で連絡が取れず、多くが戻ってきた。そこで調査官を中心に書記官も加わって、仙台家裁全体でチームを作り、地域ごとに手分けをして、一人ずつ後見人の居場所を探したのである。

特に海岸に近い地区では、住所を訪ねても、津波で周辺の住宅を含めて、跡形もなくなっていることが珍しくない。その場合、調査官は地元の人を探して聞き込みをした。近くに避難していると聞けば避難所を訪ね、本人に後見事務の継続が可能かどうかを確認した。被災や病気などで後見人を続けることが難しければ、ほかに候補者がいるかどうかを訊いた。

居場所を探して何人も聞き込みをした結果、「〇〇町の親戚の家に避難している」など、離れた場所にいると判明することもある。別の支部管内にいる場合もあった。

当時、裁判所は定期的に車を被災地の支部に出して、支援物資や書類の配達を行っていた。調査官はこの車の運転手に、後見人の所在地を記したメモ書きを託した。避難先に近い支部の職員に渡してもらい、その職員に居場所を確認してもらったのである。

秋武は、懸命になって後見人を捜し歩く職員の姿に、頭の下がる思いだった。所長である彼はむしろ、調査で沿岸部に出向く調査官たちが、再び津波の被害に遭わないかが心配だった。

四月に入ってからも余震は続いている。四月七日の夜には宮城県沖を震源とする最大震度六強の地震が起き、津波警報が出された。

秋武は職員たちに、強い揺れの時には調査を中止して、すぐに高台に逃げるよう言い含めていた。余震で家庭裁判所が揺れるたび、「みんな無事だろうか」と心配だった。

一三〇〇人を超える後見人の安否確認は、わずか一か月ほどでほぼ終わった。調査の結果、後見人四人が震災で死亡し、三人が所在不明になっていたことが判明した。また、震災で大けがをしたり、避難生活の中で発病したりして、後見事務を続けられない者も一〇人に上った。

仙台家裁はそれぞれ、別の後見人を選任して対応している。

四　少年事件への影響

少年による事件も震災と無縁ではなかった。早い時期には、宮城県内で地震や津波で壊れた建物からの窃盗が起きている。

三月一四日には半壊したブランドショップに二〇歳の男と少年が侵入し、バッグなどを盗んでいる。翌日には、少年五人が被災したコンビニエンス・ストアのＡＴＭを壊して一三〇〇万円を盗む事件が起きた。

担当する裁判官や調査官を悲しませたのは、一部の少年が、壊れた店から商品や現金を略奪する大人たちの姿を見たことが動機であり、調査に対し「大人もやっているから」と話したことだった。震災後の社会のモラルの低下が、少年たちの行動にも影響を与えていた。

だが、反対に震災がきっかけになって、立ち直る少年たちもいた。

秋武たちが観護措置を取り消し、少年鑑別所から自宅に戻った少年の一人は、食料の買い出しや給水に親と行動を共にするようになり、家族との会話を取り戻すようになっていた。

この少年は、震災前に近くの交番の警察官から、日常的な相談や指導などの「継続補導」を受けていた。自宅に戻った少年は、その警察官が津波によって死亡したことを知り、ショックを受ける。彼は調査官に「ぶらぶら遊んでいる自分が申しわけない」と反省の言葉を述べるようになった。ほかにも問題行動を繰り返していた少年が、率先してボランティアに加わり、避難所の運営を手伝うようになったケースもあった。

全体として、震災直後からしばらくは、少年事件の件数は大幅に減少したという。だが、地震から数か月が経過し、混乱が次第に落ち着いてくると、不便な生活によるストレスなどが原因となって、再び少年事件は増えていく。傷害事件や強制わいせつ事件など、粗暴な犯行が目立つようになっていた。

特に自宅や保護者を失った少年は、環境が変わり、頼るべき親も失って、精神的に不安定になることが多い。加えて周囲の大人たちも、復興がなかなか進まないことへの不安を口にする。親の不安は子どもの不安にもなる。

この時期、少年たちのグループが高校生に言いがかりをつけて、殴る蹴るの暴行を加える事件が起きた。加害少年は、避難所では食事の配付などボランティアを続けていた子どもたちだった。少年たちは「これからが不安でいらいらしていた」「けんかしたい気分になった」などと話している。少年事件は増加を続け、特に夏以降、観護措置を受ける少年の数は、平年を上回るペースになった。彼らをどう指導していけばいいのか、仙台家裁少年部の裁判官や調査官の大きな課題となった。

仙台家裁は一〇月に、宮城県警察本部、宮城県教育庁、そして仙台市教育局から、少年担当を招いて連絡協議会を開催した。秋武は外部機関との積極的な協力が欠かせないと判断したのである。

協議会では、保護者の不安定な精神状態や経済状況が、将来にわたって子どもに大きく影響する恐れがあるという発表もあった。このため各機関は震災をきっかけに長期的に連携を深めていき、協力して少年事件への対処に取り組むようになった。

五　震災孤児を救う

後見人の調査が終わってから、次に秋武が準備を進めたのは、失踪宣告への対応だった。

五月時点で、行方不明者の数は宮城県内だけで五〇〇〇人を超えていた。死亡した証明がないと保険金などは支給されず、遺産の相続を始めることもできない。

戦争や震災の場合は「危難失踪」と呼ばれ、家族などが家庭裁判所に申立てを行い、家裁が失踪宣告をすることで、その人を法律上、死亡したとみなす効果を生じさせる。

「危難失踪」はかつて、生死不明の期間が三年以上必要だった。昭和二四年に家庭裁判所が発足した直後は、戦地や外地で行方不明の家族からこの失踪宣告の申立てが相次いでいる。

後に法律が改正され、申立てまでに必要な期間は一年間に短縮された。つまり、震災の一年後には、仙台家裁に大量の申立てが来ることが予想されたのである。秋武は仙台高裁や最高裁とも相談して、「失踪宣告グループ」という特別チームを作ることも検討した。

だが一年間保険金も受け取れず、相続も開始できなければ、被災者の生活再建にも支障が出る。このため法務省は、六月に手続きの簡略化を認める通知を出した。東日本大震災に限っては、死亡診断書などが得られない場合も、届出人や目撃者の話をまとめた書類や、葬儀を行った証明書などがあれば、死亡届を提出できることにしたのである。

この結果、家庭裁判所に大量の失踪宣告の申立てが来ることはなくなった。しかし、早い死亡認定によって、家裁には新たな申立てが続々と来ることになったのである。

復興庁によると、東日本大震災では、宮城県内だけでも一八歳未満の子ども一二六人が両親を亡くし「震災孤児」となった。父母のどちらかが亡くなった「震災遺児」は八八二人に上る。

特に両親を失った震災孤児は、祖父母や叔父叔母といった親族がひとまず引き取るケースが多かった。児童相談所は、こうした親族から相談を受けると、「親族里親制度」を利用するよう案内していた。そうすれば養育している親族に、委託費用や教育費用の実費などが、県から支給される。

ところが法務省が両親の死亡認定を簡略化した結果、亡くなった両親の保険金、遺族年金、義援金、弔慰金など、子どもの元に多額の金が振り込まれることになった。

両親二人分の保険金として、合計で一億円を超す資産を持つことになった子もいる。だが、親権のない「里親」では、死亡保険金を受け取ることができない。

このため震災孤児を養育する多くの親族が、家庭裁判所に後見人の申立てを行った。「未成年後見」と呼ばれる。

未成年後見人の申立てが急増した仙台家裁は、再び対応を検討した。

多くが親族とはいえ、子どもの財産を、自分の借金の返済や遊興費に使われることはないか。そうなれば将来の進学費用も払えなくなり、子どもの将来にも影響する。

亡くなった両親は、自分たちに万が一のことがあっても、我が子だけは不自由なく成長してほしい、そう考えて保険に入っていたはずだ。震災で命を落とした父母のことを考えると、いいかげんな認定はできない。

仙台家裁は、震災に対する「未成年後見」事件処理のガイドラインをまとめた。それによると、調査官は書面だけで判断せず、必ず後見人に面接調査を行うこととしている。後見人の生活状況も必ず把握し、特に多額の借金を抱えていないかどうかを、チェックするようにした。

さらに調査官たちは、子ども本人の意向も確認するようにした。特に、かつての自宅とは違う場所で暮らす子どもの場合、原則として家庭訪問を行うことにしている。親を亡くしたことによる悲しみの深さや、現在の生活状況を調査し、親族が後見人となることが、本当に子どものためになるかどうかを判断し、「調査報告書」としてまとめられた。裁判官も必要があれば審判期日を設け、申立てを行った後見人候補者に話を聞いて判断を行った。

取り組みの結果、一二六人の震災孤児のうち、九割近い一一一人に未成年後見人が付けられた。

その後も仙台家裁は、未成年後見人がきちんと子どもの世話を行い、財産を適切に管理しているか、「後見監督」と呼ばれるアフターケアを行っている。それまで、仙台家裁の一般的な後見監督は年一回、書面を提出してもらうことが中心だった。しかし、震災後の未成年後見人に対しては当面半年に一回、それも書面ではなく、調査官が、直接相手の家庭を訪問している。

震災後しばらくは、仙台市からの道路は各地で寸断されていた。例えば気仙沼に確認に行くためには、裁判所の車を使い、岩手県を経由して片道三時間もかかった。それでも、不満を言う調査官は一人もいなかったという。

ある調査官は、父母を失ったショックから小声でしか話せなかった子どもが、未成年後見人となった親族の元で新しい生活に少しずつなじんで、活発な様子を取り戻した姿を見ることが、何よりもうれしかったという。そんな時は、長時間の往復も決して苦にならなかった。

それでも、秋武たちが懸念していた事件も発生している。両親を亡くした甥の未成年後見人だった男が、この子の義援金や両親の死亡共済金など六八〇〇万円あまりを横領した罪で逮捕、起訴されたのである。男は後に実刑が言い渡されている。

平成二四（二〇一二）年からは法律が改正されて、未成年後見人を複数選任できるようになった。調査官たちは、できるだけ財産管理に弁護士や司法書士など、専門職の後見人をもう一人付けるように勧めることにしている。財産の管理をできるだけ厳格にして、同種の事件を防ごうという狙いだった。後に震災孤児の未成年後見人となった司法書士や弁護士は、五〇人を超えている。

六　家庭裁判所は死なず

震災の一年後、平成二四年四月に、秋武は定年退官した。

一年が経過する頃には、家庭裁判所の中は、ようやく平常に戻りつつあった。だが、窓口に寄せられる相談や調停の申立てには、なお多くで震災の影響が見られた。

亡くなった被災者の遺産相続でトラブルが相次ぎ、自宅や仕事を失ったことがきっかけで、夫婦関係の争いも目立つようになっていた。震災による環境の変化が、新たな問題を生み出していたのである。

仙台家裁は震災の約二か月後から、地裁と合同で支部がない南三陸町、女川町、東松島市、そして亘理町で出張相談を始めた。裁判所に来ることができない人たちのため、月に二回から三回、役場や体育館に机とついたてを設置して、相続や家庭の問題に対応する、無料の「相談所」としたのである。相談員を務めたのは調査官や書記官だった。彼らは列車を乗り継ぎ、津波による不通区間は臨時のバスに乗って、時には一泊二日で被災地へと出向いた。

所長の秋武も退官するまで、自ら仙台家裁で家事調停や遺産分割事件の審判を担当した。

秋武は現場で仕事をしながら、裁判官や職員たちの意識が、震災前から大きく変わったと感じていた。一つひとつの事件にいっそう真剣に向き合い、被災者に親身になって、手を差し伸べるようになっていた。それは、制度として何かが変わったのではない。家庭裁判所の人々が自ら震災を経験し、被災した当事者に接することで、自分たちの職務が、彼らの生活を守るためにあるという意識を、強めたのだろうと考えている。そして、少年事件でも家事事件でも、職員たちは福祉的機能や教育的機能と、裁判所としての司法的機能に、バランスを取りながら取り組んでいた。

秋武自身は、震災から定年退官までの一年間、繰り返し実感することがあった。

それは、憲法と家庭裁判所の役割だった。

裁判所はすべて、公平な裁判を通じて、憲法が保障する国民の権利と自由を守っている。だが、震災後のように、かつての生活が奪われ社会が混乱する中では、弱い立場の女性や子ども、そして高齢者ほど、権利も自由も、失われがちである。彼らに寄り添い、支援することは、家庭裁判所が発足した時の理念そのものであり、憲法の役割でもある。

それにしても、不思議ですよ、と秋武は言う。

「今までは意識したことがなかったのですが、名は体を表すと言います。憲法を守るため仕事をしてきた私自身も、そうだったのですよ」

彼の名は「憲一」である。

昭和二二年に生まれた秋武に対し、父親は新憲法が施行されることを記念して、一文字を授けたのだという。

秋武が退官する頃。

震災孤児の未成年後見人となった祖父母、あるいは叔父や叔母から、新しい申立てが寄せられるようになった。

それは「この子を我が子にしたい」という養子縁組の申請だった。

未成年の養子縁組に対して、仙台家裁は必ず、調査官が面接調査を行うようにした。申立人と子どもに家庭裁判所に来てもらい、現在の生活状況を聞き取り、養子とすることがふさわしいかどうかを検討する。最低二時間は家裁で話を聞き、乳幼児以外は子どもだけとの面接も行っていた。

多くは、すでに後見人として同居し、信頼関係が結ばれているため、問題はなかったという。それでも、親族であることと、家族になることには、大きな違いがある。

親になる祖父母や叔父叔母にとっても、自分の子どもや兄弟姉妹を津波などで失った上、残された子どもを将来に渡って育てる責任を負うことは、重い決断であったろう。それでも、養子縁組は多くの場合、悲しみを乗り越え、新しい「家族」となって歩き出そうとする人々の第一歩だった。

必要な書類を提出し、調査官の面接調査を終えた夫婦は、多くが決意と安堵の表情を浮かべ、子どもの手を握って、仙台家裁を後にしていく。

——どうか、幸せになってほしい。

彼らの後ろ姿を見送りながら、秋武も職員たちも、そう祈らずにはいられなかった。

あとがき

亡くなった裾分一立が、最高裁家庭局長時代に書いた、短い随筆がある。

題名は「掛軸を納めるの弁」という。当時家庭局長の部屋に飾られていた掛け軸のことだ。そこには「家庭に光を　少年に愛を」という、かつての家庭裁判所の標語が書かれていた。

これは宇田川潤四郎が京都家裁所長だった時に、清水寺の貫主に書いてもらったものである。ちなみに、出張先の京都で宇田川から掛け軸を受け取り、局長の裾分に渡したのは栗原平八郎だった。

随筆は、掛け軸を前に毎日仕事をしていた裾分が、ある日、ふと面映ゆさを感じて、掛け軸を外し、納めることを決意したという内容である。

——人道主義は心の中にひそかに息づいているところに美しさがある。

そう考えたからだという。

それだけの作品である。

裾分の部下だった荒井史男は、この小文に裾分の当時の心境が込められていると話す。彼がこの随筆を書いたのは、法制審議会で中間報告の取りまとめへと向かう昭和五〇年だった。目の前に掲げられていた、家庭裁判所発足時の標語を片づけざるを得なかったところに、裾分の当時の苦渋が凝縮されているという。

本書で登場した宇田川、内藤頼博、三淵嘉子らは、いわば家庭裁判所第一世代の裁判官たちである。彼らは、それぞれの理想とする司法の姿を胸に、人も物も足りない中で、道を切り拓いて、家裁を作り上げた。

それに対して裾分や、本書で証言してくれた糟谷忠男、栗原、荒井たちは、第二世代と言えばいいだろうか。彼らは初代の苦労を間近で見た。そして家庭裁判所の理想主義の空気を胸一杯に吸い込んで、成長した世代でもあった。

それでも社会が変わっていけば、初代とまったく同じ理想と理念だけで組織を運営し続けることは難しい。時には初代の掲げた方針を変えなければならないこともある。いわば二代目の苦しみである。「家庭に光を　少年に愛を」という標語を片付けるのは、象徴的に映る行為である。ただし、裾分は決してその教えを捨て去ったのではない。随筆の末尾にはこう書かれている。

——かくして私は面映ゆい掛軸をとりはずして納めることにした。それは同時に私の心の中にひそかに納められたということでもある。

掛け軸はあくまでも納めただけで捨てたわけではない。家庭裁判所の理想と理念は、なお自分の心の中にあると宣言しているところに、裾分の強さと、したたかさがある。

今回の取材で宇田川の四男の博通を訪問した時、この掛け軸の話になった。私が裾分の随筆の内容を説明すると、彼ははて、と首をかしげた。

「そういえば、うちにも同じものがあります」

博通が出してきたのは、まさに「家庭に光を　少年に愛を」の掛け軸である。文字は色紙に書かれていて掛け軸に飾られ、清水寺の貫主である大西良慶の名が記されている。

博通は大学を卒業した後、少年院の法務教官となった。長男の潔らほかの兄弟は一般企業に進んだため、少年の更生に携わる四男の彼が、形見分けとしてこの掛け軸を受け取ったのだという。

果たしてこれが、裾分の片付けた掛け軸なのか。

博通と話し合った結果、おそらく別物だという結論になった。この掛け軸は以前から宇田川の自宅官舎にあった。宇田川の没年は裾分の随筆が書かれた五年前で、時期が一致しない。

おそらく良慶貫主に何枚か書いてもらい、一つを自宅用に、もう一つを家庭局長用にしたのだろう。

平成二九（二〇一七）年二月に、少年法の対象年齢を一八歳未満に引き下げるかどうかが、法制審議会へ諮問された。翌年の平成三〇（二〇一八）年の春現在、法制審議会少年法・刑事法部会は、三つの分科会に分かれて議論を続けている。

昭和四五年に法制審議会に諮問されたような、少年法の対象年齢引き下げの議論が、再び始まっているのだ。

少年法は二〇〇〇年代に入ってから、すでに四回にわたって、大きな見直しが繰り返された。背景の一つは、少年による重大事件が相次いだことだった。平成九（一九九七）年の神戸連続児童殺傷事件、平成一一（一九九九）年の光市母子殺害事件、平成一二年の佐賀バスジャック事件など。事件のたびに「少年を甘やかすな」「厳罰化を」という意見が相次いだ。

昭和五二年に〝前回〟の法制審議会が中間答申をまとめた後も、法務省はしばらくの間、少年法改正を行わなかった。

だが、その後法務省は、中間答申に沿って徐々に実務の運用を見直し、二〇〇〇年以降の少年法改正にも、答申に書かれた内容が盛り込まれていく。かつて、あれだけ日弁連と対立した「少年審判への検察官の関与」も、平成一二年の法改正によって現実となった。

ほかにも「権利保障の強化」や「処分や処遇の多様化」のように、当時の中間答申の内容は、オセロの白と黒を一枚ずつひっくり返すように、実現されていった。ほかにもかつては皆無だった「被害者への配慮の充実」も導入されていった。

残された一つが、裾分が白紙撤回させた「少年法の対象年齢引き下げ」だったのである。

私は少年法が相次いで見直された二〇〇〇年代に、司法クラブで裁判所を担当していた。非公開である家庭裁判所の審判は、直接取材することができない。だが、社会の関心を集める少年事件が起きるたび、家裁や最高裁家庭局への取材は欠かせなかった。

事件の取材を通じて、私は最高裁家庭局で課長だったある裁判官と知り合った。その後、彼が東京家裁や高裁の事務局長に異動してからも、交友が続いた。

当時、私は相次ぐ法改正で、少年法の理念が失われるのではないかと疑念を抱いていた。私が質問すると、いつも温厚で穏やかな彼が、珍しく感情を込めた口調でこう反論した。

「少年審判を行う現場は、多少法律が改正されても、少年の立ち直りと、健全な育成を忘れていない。もしも、教育的機能が少年審判からすべて失われたならば、家庭裁判所が存在する意味はない」

そして「家庭裁判所の人々は、打たれ強くしたたかだ」と断言した。世論が厳しくとも、審判に検察官が立ち会おうとも、幹部が理念を否定し迅速化を求めようとしても、目の前に非行を繰り返す少年がいれば、できるかぎり力を尽くそうと思うのは、当然である。守るべきヒューマニズムが根底に流れている以上、教育や福祉の役割が失われることは決してない。そう強調したのである。

懇意にした課長は岡健太郎という。

平成二五（二〇一三）年に最高裁の家庭局長に就任したが翌年体調を崩し、闘病の末、一年後に亡くなった。まだ五五歳だった。

私は岡の葬儀に参列した帰りに、彼が生前語った言葉を思い出し、根底にヒューマニズムが流れる司法機関が、どのように生まれたのかを知りたいと考えた。

今回の取材は、そこから始まっている。本書の多くの部分は、四〇人を超す関係者や遺族の証言によって、書き上げることができた。特に、宇田川、内藤、三淵の三人のご遺族と、黎明期の家庭裁判所を知る人々の協力なくして、本書は完成しなかった。

それでも、この本は家庭裁判所のすべてを網羅できたわけではないことを、おことわりしたい。特に昭和四〇年代以降は、少年法改正議論が当時の家裁にとって大きな出来事であり、この時期の家事部の動きに触れることが、ほとんどできなかった。また、家裁の創設や発展に力を尽くした人々は、もっとたくさんいるのだが、一般向けという本書の構成上、全員を紹介することはできなかった。いずれも私の責任である。

今後、もし少年法の対象年齢が、単純に引き下げられることになれば、一八歳と一九歳は、昭和二四年の創設以来、初めて家庭裁判所の手を離れることになる。

今回は、選挙権年齢が一八歳になり、民法の成年年齢も引き下げられる中での見直し検討であり、昭和四〇年代とは社会の状況は大きく異なる。

一方で少年事件は一〇年前の三分の一まで減っている上、現在の家庭裁判所の仕組みは高く評価されており、引き下げる必要はないという意見も根強い。

少年法改正の行方がどうなるのかは分からない。ただ、私は今回の法制審議会の取材をしていて、幾度も感じることがある。

それは、強い「既視感」である。

法制審議会のやりとりが、昭和四〇年代の議論をなぞるように繰り返されているのだ。だが法務省は、半世紀近く前も同じ議論をしてきたことには、意図的なのかどうかは分からないが、触れようとしない。

例えば多くの人が誤解しているのだが、このまま単純に少年法の対象年齢を引き下げても、厳罰化にはならない。成人でも軽い事件を中心に、全体の六割ほどは起訴猶予になる。犯罪を起こした一八歳や一九歳も、半分以上がそのまま釈放されて、何の手当もないまま、社会へ戻されることになる。よく言われる「事件の責任を負わせるべき」という主張とは、正反対の結果になる。

これは栗原が昭和四〇年に作った、法務省に対抗する広報資料で、まったく同じ内容がすでに指摘されている。栗原は「年長非行少年の野放しである」とさらに厳しい言葉であり、「厳罰化」とは正反対の結果になって、治安はますます悪化するだろうと記している。また、仮に起訴猶予に新たな処遇を設けたとしても、これまでの「ぐ犯」や、現在の成人の犯罪で警察段階の「微罪処分」となるような事件は、どのような対応を取るのだろう。

さらに、現在家庭裁判所で調査官が行っている少年への調査は、どうするのか。専門的な知識を持つ調査官が家庭や学校を調査し、背景を明らかにする仕組みは、事件の全体像の解明や再犯防止に大きく寄与している。

そもそも、健全育成の理念に基づく家庭裁判所の調査と、治安維持や処罰のために行う捜査機関あるいは執行機関の調査は、本質的にその目的が異なる。

この調査機関についても、団藤重光が法制審議会の中で同じ疑問や課題を述べている。三淵や裾分らも、熱心に意見を交わしている。

当時の法制審議会の議論には、今も学ぶべき内容は多い。特に軽微な事件や非行ほど、これまでとできるだけ同じような教育的な働きかけや、立ち直りに向けた支援は欠かせないはずである。

本書に登場する「家裁の人々」が繰り返し述べてきた言葉を、忘れるべきではないだろう。

最後に、あの掛け軸のことである。

私はしばらくの間、取材で最高裁に行くたび、幹部を捕まえては掛け軸を知らないかと訊いてみたり、自分でも建物の中をあれこれ探してみたりしたが、掛け軸はついに見つからなかった。裾分は果たしてどこにしまい込んだのか。

おそらく、掛け軸は今も、最高裁のどこかに、眠っているのだろう。そして、裾分と同じように、全国の家庭裁判所で汗をかく人たちの心の中に「家庭に光を　少年に愛を」の言葉は、納められていると信じたい。

二〇一八年八月

清永　聡

主要参考文献一覧

基礎資料

『家庭裁判月報』（[最高裁判所事務総局家庭局編]一九四九年～二〇一四年）
『ケース研究』（[家庭事件研究会編]一九四九年～）
法務省法務大臣官房司法法制調査部「法制審議会少年法部会会議議事速記録」（一九七〇年～一九七六年開催分）
『調研所報』（[家庭裁判所調査官研修所編]一九五八年～二〇〇三年）
最高裁判所事務総局家庭局編『家庭裁判所の諸問題[上・下]』（法曹会、一九六九年）
最高裁判所事務総局編『家庭裁判所三十年の概観』（法曹会、一九八〇年）
最高裁判所事務総局家庭局「少年保護をめぐる青年学徒の運動[家庭裁判資料第三号]」（一九四九年）
東京家庭裁判所編『東京家庭裁判所沿革誌』（一九五五年）
東京家庭裁判所史の会編『東京家庭裁判所沿革史誌』（一九九九年）

その他

荒井史男、亀山継夫、内藤文質、松尾浩也ほか「少年法改正の『中間報告』[上・下]」（『ジュリスト』六三二号、六三三号、一九七七年）
石井光太『浮浪児１９４５‐――戦争が生んだ子供たち』（新潮社、二〇一四年）
泉徳治『私の最高裁判所論――憲法の求める司法の役割』（日本評論社、二〇一三年）
泉徳治ほか『一歩前へ出る司法――泉徳治元最高裁判事に聞く』（日本評論社、二〇一七年）
稲田得三『裁判官四十年』（創元社、一九六三年）

宇田川潤四郎『家裁の窓から』（法律文化社、一九六九年）
大阪家庭裁判所創設20周年記念出版委員会『大阪家庭裁判所創設20周年記念出版　回顧と展望』（一九六六年）
糟谷忠男「三淵嘉子さんを偲んで」（『判例タイムズ』五二六号、一九八四年）
家庭裁判所調査官研究協議会「家庭裁判所調査官制度について――宇田川さん大いに語る」（「家庭裁判所調査官制度史座談会要録」一九六九年）
加藤令造編、綿引末男ほか著『家事審判法講座［第一巻］』（判例タイムズ社、一九六六年）
亀山継夫「少年法改正の中間報告をめぐって」（『時の法令』九五二・九五三号、一九七七年）
亀山継夫「少年法改正の動向と新しい保護処分制度」（『刑政』一九七八年一月号）
河原俊也編著『ケースから読み解く少年事件――実務の技』（青林書院、二〇一七年）
北沢治雄ほか「調査官研修所設立当時の思い出」（『家調協雑誌』二号、一九六七年）
栗本義之助『筆のすさび』（私家版、一九八一年）
刑事司法及び少年司法に関する教育・学術研究推進センター編『少年法適用年齢引き下げは何をもたらすか［別冊法学セミナー］』（日本評論社、二〇一八年）
五鬼上堅磐「日記抄録［一〜一四］」（『法曹』一九九号〜二一二号、一九六七年〜一九六八年）
後藤卓也『労働組合運動にみる東京家庭裁判所物語――1949年〜1992年』（私家版、二〇一一年）
後藤卓也編『裁判所に民主主義の灯をともして―東京家庭裁判所に働いた労働者の足跡（一）一九四九年〜一九五八年』（私家版、二〇〇六年）
最高裁判所事務総局家庭局「最近の少年非行とその対策について――少年法改正をめぐる諸問題」（一九六五年）
最高裁判所事務総局家庭局「少年法改正要綱に関する意見」（一九七一年）
斎藤正人「家庭裁判所調査官の歴史［その一〜その六］」（『調研紀要』四三号、四四号、四六号、四九号、五〇

号、五二号、一九八三年～一九八七年）
斎藤正人、堀登志子ほか「調査官創生期の思い出」（『家調協雑誌』二号、一九六七年）
佐伯俊三『人生の処方箋』（日南書房、一九四九年）
佐賀千恵美『華やぐ女たち――女性法曹のあけぼの』（金壽堂出版、二〇一三年）
澤登俊雄『少年法――基本理念から改正問題まで』（中公新書、一九九九年）
澤登俊雄『少年法入門［第五版］』（有斐閣ブックス、二〇一一年）
裾分一立判事遺文集刊行会編『裾分一立判事遺文集』（私家版、一九八〇年）
全国家庭裁判所調査官研究協議会広報部「家調協ニュース」四七号（一九七〇年）
高桑昭「『原爆判決』について」（『成蹊法学』七八号、二〇一三年）
高野耕一『裁判官の遍歴――遠い雪』（関東図書、二〇〇〇年）
武内謙治『少年法講義』（日本評論社、二〇一五年）
谷川八郎ほか「少年法『改正』を批判する［特集］」（『自由と正義』二八巻九号、一九七七年）
多摩少年院編「多摩少年院五十年史」（一九七三年）
団藤重光「少年法改正の基本問題」（『判例時報』六一七号、一九七一年）
団藤重光『わが心の旅路』（有斐閣、一九八六年）
寺尾絢彦『家裁調査官が見た少年法50年――司法的機能と福祉的機能の調和』（現代人文社、二〇〇三年）
東京家庭裁判所「少年法改正問題について」（一九七〇年）
東京少年友の会編『三十年のあゆみ』（一九九五年）
永田弘利「ＢＢＳ運動の芽生え」（『犯罪と非行』七六号、一九八八年）
日本弁護士連合会「少年法改正要綱に関する意見」（一九七二年）

日本弁護士連合会少年法「改正」対策本部「少年法『改正』問題　資料集（一）〔増補版〕」（一九七七年）
野村正男「あの人この人訪問記――稲田得三さん〔上・下〕」（『法曹』二六二号、二六三号、一九七二年）
『婦人法律家協会会報〔創立30周年記念号〕』一九号（一九八〇年）
『婦人法律家協会会報〔創立40周年記念号〕』二八号（一九九〇年）
法曹公論社編『青年層――少年法改正の背景と問題点』（法曹公論社、一九七〇年）
法務省編『少年法改正はいかにあるべきか――少年法改正に関する構想説明書』（法曹会、一九六六年）
法務省刑事局「少年法及び少年院法の制定関係資料集〔少年法改正資料第一号〕」（一九七〇年）
法務省保護局、更生保護誌編集委員会編「更生保護制度五〇周年記念　更生保護史の人びと」（一九九九年）
牧原出編『法の番人として生きる――大森政輔元内閣法制局長官回顧録』（岩波書店、二〇一八年）
松本冬樹「『さつき会』の思い出」（近藤完爾ほか『裁判今昔』西神田編集室、一九八八年）
水越玲子『私の葉がくれ』（私家版、一九七八年）
水越玲子『偶成の詩』（私家版、一九八六年）
三井明、宮沢浩一ほか「少年法改正問題をめぐって――『刑罰主義』にもどることの心配」（『婦人之友』一九七〇年一一月）
三淵嘉子ほか「〔座談会〕少年審判を語る――三淵嘉子判事を囲んで」（『判例タイムズ』三九六号、一九七九年）
三淵嘉子ほか『女性法律家――拡大する新時代の活動分野』（有斐閣選書、一九八三年）
三淵嘉子さん追想文集刊行会編『追想のひと三淵嘉子』（私家版、一九八五年）
三淵嘉子先生追悼文集刊行委員会編『三淵嘉子先生追悼文集　しのぶもぢずり』（私家版、一九八五年）
宮沢浩一編『少年法改正〔刑事法叢書（二）〕』（慶應通信、一九七二年）
森田宗一『少年法のゆくえ』（有信堂高文社、一九七六年）

森田宗一『砕けたる心——青少年明暗五〇年［上・下］』（信山社、一九九一年）
守屋克彦『少年の非行と教育——少年法制の歴史と現状』（勁草書房、一九七七年）
守屋克彦『現代の非行と少年審判』（勁草書房、一九九八年）
守屋克彦『守柔——現代の護民官を志して』（日本評論社、二〇一七年）
守屋克彦編著『日本国憲法と裁判官——戦後司法の証言とよりよき司法への提言』（日本評論社、二〇一〇年）
八木正一「少年法改正への提言」（『判例タイムズ』八八四号、一九九五年）
矢澤久純・清永聡『戦時司法の諸相——翼賛選挙無効判決と司法権の独立』（溪水社、二〇一一年）
山本祐司『最高裁物語［上・下］』（日本評論社、一九九四年）
横浜家庭裁判所編『新庁舎落成記念　横浜家庭裁判所　十年を顧みる』（一九五八年）

著者紹介

清永　聡（きよなが・さとし）

1970年生まれ。広島大学文学部独語科卒業。1993年 NHK 入局、報道局社会部記者、司法クラブキャップ、社会部副部長などを経て、2016年より NHK 解説委員。

著書は、『気骨の判決――東條英機と闘った裁判官』（新潮新書、2008年）、『戦時司法の諸相――翼賛選挙無効判決と司法権の独立』（共著、渓水社、2011年）、『戦犯を救え――BC 級「横浜裁判」秘録』（新潮新書、2015年）『三淵嘉子と家庭裁判所』（編著、日本評論社、2023年）他。

家庭裁判所物語《かていさいばんしょものがたり》

2018年 9 月25日　第 1 版第 1 刷発行

2024年 2 月 5 日　第 1 版第 4 刷発行

著　者――清永　聡

発行所――株式会社日本評論社

〒170-8474 東京都豊島区南大塚3-12-4

電話　03-3987-8621（販売）　-8611（編集）

FAX　03-3987-8590（販売）

https://www.nippyo.co.jp/　振替　00100-3-16

印刷所　精文堂印刷

製本所――難波製本

装　丁――銀山宏子

ISBN978-4-535-52374-6　Printed in Japan